—中国国学通览—

主　　编：陈进玉

执行主编：李文亮

编　　委：朱翔非、陈博涵、张宜婷、周京艳

本卷主编：郭齐勇

斯文在兹

儒家文化精神与源流（上）

中国国学中心◎编

人民出版社

《中国国学通览》总序

国学，是中华优秀传统文化的精髓。基于约定俗成和古为今用的原则，国学可作为中华优秀传统文化的代称和符号。人们习惯使用国学这一概念，除了简明、典雅以外，还含有爱国的意蕴。弘扬中国国学，增强文化自信，是贯彻落实以习近平同志为核心的党中央关于弘扬中华优秀传统文化、推进社会主义先进文化建设的决策部署，为实现中华民族伟大复兴中国梦而增添巨大的精神力量。

中国国学研究与交流中心（简称“中国国学中心”）项目，是国务院批准立项的“十二五”国家公益性重点文化工程，由国务院参事室、中央文史研究馆承建。中国国学中心坚持以马克思主义为指导，致力于中华优秀传统文化的研究和传播，致力于推进社会主义核心价值观建设和提高国民道德文化素质，致力于促进中华文化与世界文明的对话与交流。六年多来，在中央各有关部委和北京市的大力支持下，该项目已于2016年8月30日竣工，其庄重、大气的汉唐建筑风格颇为人们所注目。从项目立项开始，我们就启动了国学中心内容建设的工程。这次由中国国学中心编辑出版的《中国国学通览》丛书，就是展陈内容建设的一个阶段性重要成果。

党的十八大以来，习近平总书记就弘扬中华优秀传统文化作了一系列重要讲话，在思想文化领域开启了科学认识民族文明传统和更好开辟未来的一次伟大思想解放运动。根据中央有关传承发展中华优秀传统文化的指导思想，本丛书在编辑过程中，注重去粗取精、去伪存真、古为今用、返本开新，并努力结合时代特征对中华优秀传统文化进行“创造性转化”和“创新性发展”的探索。先期出版的丛书第一至第五辑，汇总了中国国学中心16个展馆的展陈知识文本。尽管这些文本起草和定稿的时间有先有后，有些内容和观点也往往是一家之言，但总的来说是认真遵循上述原则的，并具有以下三个特点：

一是参与的学术大家多。从2012年开始，我们在制定国学展陈大纲的基础上，先后邀请来自北京大学、清华大学、复旦大学、中国人民大学、北京师范大学、南京大学、山东大学、四川大学、武汉大学、湖南大学、厦门大学等11所重点高校的国学院和教育部人文社科重点研究基地，以及中国社会科学院、中国中医科学院，共五百多位专家学者参与展陈知识文本的撰写。从提纲酝酿、文本撰写和修改定稿，历时数年，终完成了近二百万字的展陈知识文本。担纲领衔编写的，有我国著名的马克思主义理论家、国学研究资深学者和崭露头角的国学研究中的青年才俊。如第一辑的作者中就有郑必坚、陈来、郭齐勇、刘大钧、洪修平等久负盛名的专家学者。

二是梳理了国学的内容框架体系。几千年来，我们的老祖宗留下了以儒学为代表的中华传统文化思想体系，其内容极为丰富，流派众多，影响深远。如何从中梳理出国学研究和传播的内在逻辑体系，这是一个仁者见仁、智者见智的重大课题。我们综合多方面专家的意见，形成了国学以经、史、文、儒、释、道为主干的学术体系框架结构，力求为国学研究和传播者提供一条了解、熟悉国学的途径。中国共产党与国学的关系也是人们关注的一个重点。郑必坚同志牵头的课题组在主题展下篇的文本中，从党章规定的中国共产党两个“先锋队”根本属性，即中国无产阶级先锋队和中华民族先锋队出发，从思想、政治、经济、军事、外交等诸多领域，系统阐述了中国共产党始终是中华优秀传统文化的忠实传承者和弘扬者。

三是力求深入浅出。国学内容的当代诠释，应注重学术观点的科学性和权威性，同时又要注意通俗易懂、深入浅出，只有这样才能让观众准确地了解中华优秀传统文化的内涵及其精义。例如，对儒、释、道的精义、源流及其当代价值，作者们都作了简明扼要的介绍，既阐释了具有超越时空价值的思想观念和理念，又指出了其必须剔除的封建性糟粕。此外，若干展陈知识文本还注意穿插一些国学的小故事，以增加丛书的可读性。从这个意义上说，本丛书具有通识性，既可以为国学研究者提供参考，也可作为社会大众了解国学的普及读本。

编纂好《中国国学通览》丛书，是一项需要长期付出艰苦劳动的工作。我们期盼有更多的专家学者能够参与到这项工作中来，也恳切希望读者们对本丛书的内容及编辑工作提出宝贵的意见。国务院参事室、中央文史研究馆的领导同志和众多馆员、参事对编辑本丛书给予了关心、指导和帮助。除直接参与本丛书组织编辑工作的执行主编李文亮，编委朱翔非、陈博涵、张宜婷、周京艳之外，还要特别感谢李炳华馆员、张玉平参事、赵德润馆员，中国国学中心副主任姚安、林香党以及左文、张景丽、梁治国、张洪兴等同志。人民出版社的领导和编辑同志也为本丛书出版做了大量的工作。在此，我们一并表示衷心的感谢！

陈进玉

2017年1月8日

序

儒学是以“仁”为核心精神的人文主义思想体系，是中华民族优秀传统文化的主干与主流。

两千五百年前，孔子继承夏、商、周三代文明，高扬人文主义精神，开创了儒学。此后，历代儒家学者不断弘扬儒学大中至正、与时偕行、涵摄包容的精神，围绕《易》《诗》《书》《礼》《春秋》和《大学》《中庸》《论语》《孟子》等典籍展开创造性诠释，在与道、法、墨等诸子百家以及外来的佛教文化、近现代西方文化的交流碰撞中丰富自身的学说学理，发展成为一个源远流长、理论宏富、流派众多、影响深远的世界性的文化思想系统。

儒家将“仁”视作天地宇宙的根源、人的本质规定和整个人类社会的价值目标。在儒学理论中，世界是一个有机的、连续的而又不断推陈出新的整体，以其本有的生生之德——也就是“仁”——覆载和化育万物，使这个世界和谐地存有。人作为二气五行凝合的精粹，以天所赋予的仁德为自己的本质——也就是“性”——从而区别于禽兽，成为可以自觉自为的道德主体。“仁”的普遍价值，被运用于社会、政治、经济、文化等各个领域。儒家以家庭家族为社会基石，强调人伦道德的秩序建构；以仁政德治为政治理想，强调民本主义的贯彻落实；以均平共患为经济诉求，强调轻徭薄赋、保障民生；以成德成人为文化目标，强调兴学尊师、重教弘文。儒学不仅在宏观上型塑了中华文明，而且还以“极高明而道中庸”的方式，通过各种形式深刻地渗透、影响了老百姓的日常生活，成为百姓日用而不知之道。儒家所倡导的仁、义、礼、智、信、诚、敬、孝、悌、忠、恕、廉、耻等德目，成为千百年来老百姓共同的行为准则和精神信仰，培养了中华民族讲仁爱、重民本、守诚信、崇正义、尚和合、求大同的民族性格，至今仍是全球华人乃至整个儒家文化圈人民的共同价值取向。

儒学经历了多个阶段的发展。先秦时期，孔子开创儒学以后，迭经子思、孟子、荀子的发展，奠定了儒学仁、礼并重的思想格局。秦汉至隋唐时期，儒学实现了与国家制度的结合，成为传统中国思想文化的核心和主流。宋元明清时期，周敦颐、张载、程颢、程颐、朱熹、王守仁等儒家学者推动了儒学在宇宙论、心性论、修养工夫论等方面的多维发展，形成了包括理学、心学为主的众多学派。从隋唐时期开始，东亚各国引进儒学并实现了本土化发展，形成了异彩纷呈的日本儒学、朝鲜儒学、越南儒学等。儒学还被引入欧洲，推动了启蒙运动的开展。时至今日，儒学仍是最富生命力的思想文化体系之一。当代儒学以开放的姿态，与民主、科学等现代价值积极接榫，参与到生态保护、全球伦理建设、世界和平发展和全球文明对话等世界性议题中，为整个人类的存续发展提供了来自东方的中国智慧。

子曰："文不在兹乎？"儒学以人文精神为内核，倡导礼乐教化，讲究文质彬彬，是一个高度发达的文化体系。儒学产生于中国，儒学、中国、华人之间，在历史的长河中已经形成了不可分割的关系。通过对中华优秀传统文化的创造性继承与创新性发展，斯文、斯人、斯土之间互相支持、紧密关联，将共同维系中华精神命脉可大可久，护佑中华民族百世其昌！所以，我们用"斯文在兹"四个字概括本书的主旨，并希望这本书，能为人们了解儒学的理论精义和发展历史，提供一些有益的帮助。

是为序。

郭齐勇于珞珈山麓

2016年1月3日

目　录

绪论　释“儒”

上编　儒学精义

下编　儒学源流

绪论

释“儒”

“儒”和“儒学”都是在历史长河中逐渐形成的概念，拥有极丰富的内涵。本书绪论部分旨在厘清“儒”的定义和内涵，梳理“儒学”“儒者”“儒家”“儒教”等相关概念，并力图呈现这些丰富、变动的意涵背后一以贯之的基本特征。

一、“儒”的起源

一般认为，儒学是孔子（前551—前479）创立的。但在孔子以前，历史上已经有了“儒”的影子。《论语·雍也》中说：“子谓子夏曰：‘汝为君子儒，勿为小人儒。’”说明至少在孔子同时代，“儒”已经作为一个群体而存在了。

（一）出自相礼之儒

“儒”的起源是什么？学者对此有着不同的见解：有人主张儒为西周时期殷代遗民中的教士①，有人认为儒是西周王

① 胡适持此观点。见胡适《说儒》《诸子不出王官论》。

官流散到民间①，也有人认为儒起自民间的普通教化之师②，还有人认为儒起源于远古的巫史传统③……这些不同的观点，说明了儒学起源的复杂性。有些学者认为"儒"是以礼为职业的人，至少与礼有莫大的关系。儒的前身是古代专门为贵族服务的巫、史、祝、卜等方士、术士。在社会变荡中，部分巫、史、祝、卜逐渐转变为专门以治丧相礼为生的儒。丧祭之礼是古代最重要的礼节，起着维系宗法制度的血缘纽带的作用。这些人具有礼乐等专门知识，为诸侯、卿大夫相礼并教化民众，属于"士"一类的下级官吏。因此，从起源上说，"儒"就是以礼为职业的人，也就是相礼之儒。《论语·子罕》有"出则事公卿，入则事父兄；丧事不敢不勉，不为酒困，何有于我哉"，《论语·乡党》有"乡人傩，朝服二立于阼阶"，说的都是儒者为人相礼。前文提到的"小人儒"，很可能就特指借礼来养家糊口的人。

（二）出自司徒之官

古代设司徒之官专司教育，儒即由司徒之官职分化而来。《尚书·舜典》中记载："帝曰：'契，百姓不亲，五

① "儒源于王官"是笼统的说法，传世观点认为源于王官中的司徒之官，从汉代刘歆、班固直到清末民初刘师培等，皆持此观点。章太炎、郭沫若等则认为源于史官，见章太炎《国故论衡·原儒》《诸子学略》，郭沫若《驳说儒》《论儒家的发生》。

② 冯友兰、钱穆、傅斯年、侯外庐等持此类观点。见冯友兰《原儒墨》，钱穆《先秦诸子系年》《〈古史辩〉第四册序》《驳胡适之说儒》，傅斯年《战国子家叙论》，侯外庐《中国思想通史》。

③ 李泽厚在《乙卯五说》中持此观点。

品不逊，汝作司徒，敬敷五教，在宽。’”帝舜任命契为司徒，其职能在于以五教教化民众。所谓“五教”，是指父义、母慈、兄友、弟恭、子孝。《周官·地官司徒》：“乃立地官司徒，使帅其属而掌邦教，以佐王安扰邦国。”故说司徒是掌邦教之官。《周礼·地官·大司徒》：“以本俗六安万民。一曰媺宫室，二曰族坟墓，三曰联兄弟，四曰联师儒，五曰联朋友，六曰同衣服。”本俗指旧俗，也就是老百姓习惯的良好风俗。其中提到的“师儒”，就是“乡里教以道义者”①，即乡里掌管教育的人，大概是司徒的属官。联师儒的目的就在于教化地方，美化风俗。由此可知，司徒之官是以构建社会伦理秩序为重要职责的。诸侯也设立类似的官职。《周礼·天官·大宰》说“师以贤得民”，又说“儒以道得民”，郑玄注曰：“师，诸侯师氏，有德行以教民；儒，诸侯保氏，有六艺以教民者。”师氏、保氏是诸侯所设掌管教育的官职，职能和司徒相近。保氏以六艺教民，六艺都是道术，所以说“儒以道得民”。后西周衰落，周室东迁，在战争和政治动荡的丧亡离乱中，原来的王官丧失了他们的官守，典籍和学术文化也辗转流散到民间，掌握教化、六艺的官守也下降为一般意义上的儒。这就是《左传·昭公十七年》载孔子之语“天子失官，学在四夷”所描述的情形，故《汉书·艺文志》引刘歆《七略》说：“儒家者流，盖出于司徒之官。”这是对儒家出自古代司徒之官的历史总结。

① （汉）郑玄注，（唐）贾公彦疏：《周礼注疏》，载《十三经注疏》整理本，北京大学出版社2000年版，第310页。

二、“儒”的内涵

章太炎在《原儒》中指出，“儒”有达名之儒、类名之儒、私名之儒三种意义。达名之儒，相当于儒的普遍概念或广义之儒，指一切有术有能之士。类名之儒，是儒的类概念，指通礼、乐、射、御、书、数六艺，并用以教民者，也指以教书相礼为谋生手段的人。私名之儒，是儒的单独概念，指宗师孔子、宣扬六经、粗明德行政教之趣的儒者。①人们在谈论“儒”时，所指往往不外乎以下几个意思。

（一）儒学宗师：孔子

孔子是儒学的创始人，也是儒家学者公认的大宗师。孔子熟悉夏商周三代文明，“夏礼，吾能言之，杞不足征也；殷礼，吾能言之，宋不足征也”②，对西周初年周公制礼作乐而形成的礼乐文化和伦理宗教体会尤其深刻，“周监于二代，郁郁乎文哉！吾从周”③。在春秋礼坏乐崩的时代背景下，孔子以继承三代文明、发扬礼乐文化自任。他将三代文化和礼乐文化的根本精神总结为“仁”，并以此为核心，建构起整个儒学思想体系。他从理想人格和为政原则两方面揭橥了“儒”的价值意义，赋予了“儒”以人文主义的内涵（详见

① 参见章太炎《国故论衡》，上海古籍出版社2003年版，第104—107页。

② 《论语•八佾》。

③ 同上。

本书第六章第二节）。在他的影响下，他的弟子和学说的信奉者们逐渐发展出了“儒学”“儒者”“儒家”“儒教”等互相关联的概念。

（二）内圣外王：儒学

从学术和思想主旨的角度来说，儒是儒学，又可称为“儒术”。“又儒者濡也，以先王之道能濡其身”，“濡”是滋润的意思。儒家认为，先王之道可以充实自己的人格，抚育自身德性的成长，最终呈现人性本来的光辉与广大。先王之道要通过学习“六艺”来习得，故儒是“通习六艺者之称”，六艺构成了儒学的主要内容。“六艺”指儒家的六个科类：礼、乐、射、御、书、数。礼和乐是西周的等级秩序和生活方式，主要是社会生活规范，射和御主要是军事技能，书和数则属于文化技能。六艺不仅是个人修养工夫，也是治理国家的本领。六艺又指“六经”，即《诗》《书》《易》《礼》《乐》《春秋》。“经”是“载道之文”，记载着安邦治国、调治人心的“道”。孔子用这些典籍来教育学生。据记载，“孔子以诗、书、礼、乐教，弟子盖三千焉，身通六艺者七十有二人”①。孔子弟子三千，贤者七十二，评判其是否为贤的标准，就是看是否身通六艺。到战国时期，“其在《诗》《书》《礼》《乐》者，邹鲁之士、搢绅先生多能明之”②，也就是

① 《史记·孔子世家》。

② 《庄子·天下》。

孔子、孟子故乡的儒者，对《诗》《书》《礼》《乐》的理解，已经超出其他学派学者之上。无论六艺是指科目，还是指典籍，儒家学者都以道德心性修养和改良社会政治为目的，故儒学又被称为“内圣外王之学”。

（三）博雅君子：儒者

从学者和践行者的角度来看，儒指儒者。儒者又可称为儒生、儒士，是儒家学派学者的通称。《说文解字》中称：“儒，柔也，术士之称，从人，需声。”正是从人的角度对“儒”进行定义，其中术士即道术之士，指有学问、具备治国才能的人。儒者有德行学识的要求：“尊德性而道问学，致广大而尽精微，极高明而道中庸，温故而知新，敦厚以崇礼。”[①]儒者有其特殊的言行规范：“儒者不陨获于贫贱，不充诎于富贵，不慁君王，不累长上，不闵有司，故曰儒。”[②]《庄子·天下》这样描述儒家君子：“以仁为恩，以义为理，以礼为行，以乐为和，熏然慈仁，谓之君子。”儒家君子按照仁爱的原则施予他人以恩惠，以适宜的措施建立人间秩序，以礼仪规范约束自己和他人的行为，以音乐美感调和性情，总是表现出温润慈祥的状貌。所以总的来说，儒者就是尊崇儒学、奉行儒学基本价值、通习儒家经书且遵循儒学基本规范的人。

① 《礼记·中庸》。
② 《礼记·儒行》。

（四）师法仲尼：儒家

从学派团体和文化共同体的角度来说，儒即为儒家。孔子以后，他的弟子和后学继续发扬孔子的思想，形成了儒家学派。汉代学者刘歆描述儒家的整体特征说：“儒家者流，盖出于司徒之官，助人君顺阴阳明教化者也，游文于六经之中，留意于仁义之际，祖述尧舜，宪章文武，宗师仲尼，以重其言，于道最为高。”①刘歆认为，儒家源自西周王官中的司徒之官，他的职责是帮助君主协理阴阳、昌明教化，他以“六经”为思想资源，崇尚仁义礼乐等价值，提倡忠恕、中庸等原则，继承尧、舜、周文王、周武王的德治仁政思想，以孔子为宗师，显现出大中至正的气象。换言之，依循孔子的理想，致力于整理和教授古代典籍，积极参与社会管理，保存和研习古代礼乐的群体，被称为“儒家”。孔子以后，儒学经历了长时间的发展，内部呈现出极大的丰富性，产生出不同的学派思想和数量庞大的学者群体。但作为一个学派，儒家始终保持着上述基本特征，因而也始终保持着高度的凝聚力。

（五）教化安民：儒教

从对社会民众的教化教育作用来说，儒是指儒教，或因孔子而称“孔教”。儒家强调，经典作为道的载体，礼仪

① 《汉书·艺文志》引刘歆《七略》。

作为仁的发用，具有强大的教化作用。《中庸》谓之“修道之谓教”，即循着天道的行为就是教化。儒学始终以“美教化，移风俗”[①]为己任，特别注重对大群人生的教化作用，并以温柔敦厚的《诗》教、疏通知远的《书》教、广博易良的《乐》教、絜静精微的《易》教、恭俭庄敬的《礼》教、属辞比事的《春秋》教为主要内容。无论在朝在野，儒家学者通过政教风化和教育感化，推动了以礼法为原则的自治社会的形成，将中国培育成“礼仪之邦”。

历史上，对“什么是儒”的讨论还有很多[②]。列出上面几种，是因为它们较好地勾勒出了儒学的基本特质和思想取向，包括对个人道德建设、社会政治改良的重视，对前代文明的自觉继承、对天道的崇敬等。这样一来，儒学就几乎涵盖了天、地、人、物、我等人类生活的一切方面。在理论和价值上，儒学具备了大中至正的品质；在具体的社会实践中，又和老百姓的日常生活息息相关，展现出浅近平易的特点。这一特质决定了儒学能够成为中华文明的正宗和主干，塑造出了延续两千年的“儒教中国”，又进而影响到东亚、南亚，形成了历史上的“儒家文化圈”。

---

① 《诗·周南·关雎序》。

② 据《故训汇纂》，后人训解“儒”字，共有52个义项。参见宗福邦、陈世铙、萧海波主编《故训汇纂》，商务印书馆2003年版。

三、“儒”的特征

（一）与诸子百家的区别

与儒学同时或稍晚出现的，还有墨家、道家、法家以及阴阳家、名家、纵横家、杂家、农家、小说家等。尤其是墨、道、法三家，它们都因为孔子和儒家有大的影响力而与儒家发生过论争，通过攻击、否定甚至改造儒家来展开自己的学术思想。通过各派对儒家的批评，我们能进一步了解儒家的特征。

儒、墨同为春秋战国时期的显学，当时有“不入于儒，即入于墨”的说法。墨家对儒学的批评集中体现在以下四个方面：“儒之道足以丧天下者四政也。儒以天为不明，以鬼为不神，天鬼不说，此足以丧天下。又厚葬久丧，重为棺椁，多为衣衾，送死若徙，三年哭泣，扶后起，杖后行，耳无闻，目无见，此足以丧天下。又弦歌鼓舞，习为声乐，此足以丧天下。又以命为有，贫富寿夭，治乱安危有极矣，不可损益也，为上者行之，必不听治矣；为下者行之，必不从事矣，此足以丧天下。”①

而从儒家对墨家的批评也可以看出儒墨两家存在的根本性差异。孟子曾说：“杨氏为我，是无君也；墨氏兼爱，是无父也。无父无君，是禽兽也。”②儒墨两家的争论和比较，

① 《墨子·公孟》。
② 《孟子·滕文公下》。

凸显出儒家思想以下特点：一是儒家对鬼神存而不论，采取的是“敬鬼神而远之”的人文理性态度，将人从殷商鬼神崇拜的宗教氛围下解放出来；二是儒家重视葬礼葬仪，希望通过礼乐文明推进社会秩序的构建；三是儒家讲究以血缘亲疏为基础的仁爱，强调爱有等差，较为符合人情人性。

道家学派也是春秋战国时期的重要学派。老子的思想中含有退让、避世的成分。《道德经》批评儒家说：“绝圣弃智，民利百倍；绝仁弃义，民复孝慈；绝巧弃利，盗贼无有。”①道家以超越的“道”为最终追求，视儒家所强调的圣智仁义为表面的、悖道的、人为的、虚伪的，认为儒家不能构建起良好的社会秩序。故老子说：“失道而后德，失德而后仁，失仁而后义，失义而后礼。夫礼者，忠信之薄而乱首也。”②老子蔑视世间的规范，认为它是社会动荡的根源，而真正具备永恒价值的是内在的超越和心灵的自由。道家对儒家的批判，实际上凸显出儒家思想的一个重要特质，即重视人文创造。孔子和儒家极大地张扬了人的自强不息、积极有为的创造精神，特别是人在物质文化、制度文化、精神文化诸层面的积极建构，以及促进文化的发展与繁荣，肯定典章制度、礼乐文化、名物器具等方面。从这个意义上讲，相对于道家清静无为的主旨而言，儒家精神是乾健有为的。

战国时期的法家学派，与儒家针锋相对。法家思想建立在人性的基本倾向是趋利避害的假设基础之上，反对儒家

---

① 《道德经》第十九章。

② 《道德经》第三十八章。

的教化理念，主张用更能产生实效的严刑峻法来统一思想，控制人民的行为。韩非子认为，“儒以文乱法”，“是故乱国之俗，其学者则称先王之道，以籍仁义，盛容服而饰辩说，以疑当世之法而贰人主之心。其言古者，为设诈称，借于外力，以成其私而遗社稷之利”[①]。在法家的推动下，秦国更多地执行了法家的主张，以严苛的秦法实施统治。这一举动使秦国凝聚了巨大的力量，实现了统一六国的伟业，但随之也因暴政而被迅速推翻。汉儒总结秦朝灭亡的经验教训时，将矛头指向法家：“治人不能舍恩，治国不能废德，治物不能去春，韩子欲独任刑用诛，如何？”[②]从法家对儒家的批判我们可以看出，儒家一个根本性的特征是崇尚德治，重视礼乐教化在社会秩序建构过程中的根本作用。

（二）与其他文明的区别

孔子的时代是中国人“人文意识”觉醒的时代。孔子点醒、拯救了周代礼乐文明的活的精神，并把它提倡发扬了起来，这就是“仁”的精神！“仁”是礼乐的内核，没有“仁”的礼乐只是形式躯壳、虚伪的仪节。“仁”是人的内在的道德自觉，是人的本质规定性。“为仁由己”[③]，“我欲仁，斯仁至矣”[④]，凸显的是人的主体性，特别是道德的自主性。“仁”

① 《韩非子·五蠹》。
② 《论衡·非韩》。
③ 《论语·颜渊》。
④ 《论语·述而》。

又是“天、地、人、物、我”之间的生命的感通，又是“天人一家，中国一人”的价值理想。这种价值理想以“己欲立而立人，己欲达而达人”[①]，“己所不欲，勿施于人”[②]的“忠恕”之道作为主要内涵。它可以推广为人与人之间，乃至国家间、民族间、宗教间、文化间的相接相处之道，乃至人类与动植物、人类与自然的普遍和谐之道。孔子的“仁”是中华人文精神的内核，是人文主义的价值理想，它不仅是协和万邦、民族共存、文化交流的指导原则，也是“人与天地万物一体”的智慧。

孔子和儒家以人文主义的理性态度，从神与神性的局限性出发，转向此世和人间性，使儒家人文精神呈现出与世界上其他文明的三大不同：一是儒学不言鬼神，不言天堂和地狱，是一种关于现世人生的人文学说，不同于基督教、佛教、伊斯兰教；二是注重天人和谐，儒学在区分天、人基础上，强调天人和谐，人参天地之化育，不同于仅仅把自然界作为认识和征服对象的西方自然哲学；三是重视群己关系，认为个体只有在他人和群体中才能实现其价值，其人文精神不同于西方自文艺复兴以来提倡个性解放、个人自由的人文主义学说。但儒家的人文精神同时又不与自然对立，不与宗教对立，不与科学对立。这是中国的，特别是孔子、儒家的人文精神的特点。

儒家人文精神不与自然相对立。儒家强调天、地、人“三

① 《论语·雍也》。

② 《论语·卫灵公》。

才之道”并行不悖，并育而不相害，建立了一个人与宇宙的大系统。“三才共建”和“三才之道”就是把宇宙万物归纳成不同层次而互相制约的三大系统，三大系统构成一个统一的整体。天、地、人不是各自独立、相互对峙的，它们彼此之间有着不可分割的联系，同处于一个生生不息的变化之流中。在此基础上，儒家承认人在天地宇宙间的重要地位，但同时认为人只是和谐宇宙的一部分。儒家以尽人之性、尽物之性，从而使天地万物各得其所、各安其位、各遂其性为最高追求。中国的人文精神不与自然相对立，不会导致一种人类中心主义以及对自然的宰制、占有或无视动物、植物的存在；相反，它讲求的是与自然的协调。“仁”与“生生之德”恰恰是自然宇宙的精神对人之社会文化活动的示范与渗透。

儒家人文精神不与宗教相对立。孔子保留了对“天”“天命”的信仰与敬畏，肯定了“天”的超越性、神秘性。“天生烝民，有物有则，民之秉彝，好是懿德”[①]，“天”生育了众民，并赋予人以善良的天性。孔子肯定个人所具有的宗教性的要求，又进一步把宗教与道德结合起来。孔子和儒家的积极有为的弘道精神、担当意识，超越生死的洒脱态度，朝闻夕死、救民于水火、杀身成仁、舍生取义的品德，均源于这种信仰、信念。儒学在一定意义上即是一种道德的宗教。儒家的“天”，是形而上的“天”，是道德法则的“天”，这个“天”和“天命”转化为人的内在本质，在人的生命内部发出命令。

① 《诗经·大雅》。

儒家人文精神不与科学相对立。儒家人文精神与价值理念非但不排斥科学，反而包容、促进了科学技术的发展。李约瑟将中国古代的宇宙观念、思维方式称为“有机宇宙哲学”，认为在这一宇宙观下，中国古代科学技术实际上做出了绝不亚于西方的贡献。重整体、重系统、重关系的思维范式和重实用、重国计民生的行为方式，带来了我国古代自然科学和技术的发展。

秦汉以后，中华传统文化逐步定型为以儒学为正宗，兼纳百家、融汇释道的文化形态。儒学有着大中至正的优点，上之极广大高明，下之极切实有用，总不离百姓日用伦常之间，故能为大群人生所接受。儒学也善于兼容并蓄，在与其他学派、文明交流对话的过程中，儒学展现出远大的眼光和开阔的思想，兼采众长，应时顺变，而不专固，不倾轧。以此之故，在过去两千年之中，儒学皆是作为社会文化的主干而存在的，直至今日仍有重要影响。

上编 儒学精义

“儒学精义”是对儒学根本思想的综述。儒学经历了两千多年的发展，产生了丰富的思想流派和学术观点，但在最根本的观念上仍有一以贯之之道。本编主要介绍的就是儒学所关注的主要议题及其基本主张。

本编包括五章，即儒学心性论、儒学伦理论、儒学政治论、儒学教育论和儒学生态论。

第一章 儒学心性论

“心性论”是儒家关于生命存在及其意义的理论学说，包括“人性论”和“工夫论”（也叫“修养论”）两个密切相关的方面。整体来看，儒家人性论以“天人性命”之学为理论依据，以“性善论”为主流思想。儒家同时也承认现实的恶，并提出“工夫论”，强调个体通过自身的修养可以成为才德兼备的完人，并在人伦实践中开拓进取、成己成物。

具体地说，儒学人性论探讨的是人性及其来源，人性的异化及其复归的问题。工夫论探讨的是人如何复归天命善性的方法问题。儒家认为，由至善天道所化生的人，天生具有善的本性，但在现实生活中，不免为情欲所蔽、为习气所染，从而蒙蔽善性。个体只有通过自觉的修养工夫，才可能返善复始，成就道德人格。因此，自孔子开始，儒家就强调在日用伦常之中为善去恶、积善成德。宋明儒学继承并发挥孔孟以来先秦儒学的工夫论思想，总结出包括心性涵养和道德践行在内的一系列修养工夫。通过践行修养工夫，个体便能变化气质，回复天命善性，并在下学上达、强学力行中体现自身本有的“自强不息”与“厚德载物”的德性精神，最终使得人们在成就道德人格的同时，培养出经纶天下、化育众生的才具。

儒学心性论是“为己之学”的具体体现，也是儒家安身立命之道的内核，还是儒学伦理论、政治论、教育论和生态观的理论基础。本章将从“性近习远的人性论”和“返善复始的工夫论”两个方面，对儒学心性论进行介绍。

一、性近习远的人性论

儒学将人的存在意义及其实践活动的内在动力归结于人性，所以人性论就是整个儒学思想的核心。

儒家认为，人的本性来源于至善的天道，秉承至善天道的人性也必然是纯善的。既然天命之善性落实为人的本性，人必然会具有恻隐、羞恶、是非、辞让等具体的良心善性。这使得人能够通过自身的道德实践扩充良心善性，尽己之性，尽人之性，尽物之性。因此，人在本性上对宇宙万物负有责任。

针对人性问题，儒家典籍《周易》《诗经》《中庸》《孟子》等从不同角度阐明了人性与至善天道的关系。宋明儒学继承了先秦性善论，论述了人性的本然与实然特性，并反复申述人性源于天、具于心，强调天命善性是纯善无恶的。经过宋儒的努力，性善论成为儒学的主流思想。

（一）人性的本体根源：天道论

人性从哪里来？天道对人性作出了怎样的规定？围绕这些哲学问题，儒学形成了自己的一整套思想。

自先秦以来，儒家就认为“天”是人类存在的根源。这个“天”不是自然之天，而是具有创生性意义的德性之天。殷商时期，“天”具有浓厚的宗教色彩，被当作人格神来崇拜，又被称为“帝”或“上帝”。如“帝乃震怒，不畀洪范九畴”①，“惟天监下民，典厥义。降年有永有不永，非天夭民，民中绝命；民有不若德，不听罪。天既孚命，正厥德”②，“以弗无子，履帝武敏歆”③，“浩浩昊天，不骏其德。降丧饥馑，斩伐四国。旻天疾威，弗虑弗图”④，等等。这里的“天”“帝”以其喜怒，给人间降下灾或福，具有鲜明的人格神特征。

到周代，天的人格神色彩逐渐淡化，德性意义开始凸显。表现在《尚书》《诗经》等典籍中，如“皇天无亲，惟德是辅。民心无常，惟惠之怀”⑤，“上天之载，无声无臭。仪刑文王，万邦作孚”⑥。天从发号施令的人格神渐渐转变为具有德性意义的超越的天。

到了春秋时期，儒学创始人孔子在继承商周以来对天、天道的终极信仰的基础上，进一步将宗教性的帝、天改造为具有形而上意义的道德义理之天，使“天”渐渐成为生成长养万物并使万物按其本性生长与发展的根据，也成为个体道德的内在价值根源。⑦

① 《尚书·洪范》。
② 《尚书·高宗肜日》。
③ 《诗·大雅·生民》。
④ 《诗经·小雅·雨无正》。
⑤ 《尚书·蔡仲之命》。
⑥ 《诗经·大雅·文王》。
⑦ 参见郭齐勇《中国儒学之精神》，复旦大学出版社2009年版，第251页。

《论语》中保留了孔子对“天”的诸多论述，这些论述可以分为五种意涵：（1）人格神之天。“予所否者，天厌之！天厌之！”[①]大意是说，我假若不对的话，上天厌弃我吧！上天厌弃我吧！这里的天是可以降灾的人格神。（2）文明根源之天。“文王既没，文不在兹乎？天之将丧斯文也，后死者不得与于斯文也；天之未丧斯文也，匡人其如予何！”[②]原文是说，周文王死了之后，文化精神遗产不都在我这里吗？上天如要消灭这种文化，那我也不会掌握这种文化了；上天如果不消灭这种文化，那匡人又会拿我怎么样呢？这段话表明，孔子的文化担当意识与强烈自信来自作为文化存在的终极根据的天命。（3）自然与德性义交叉之天。“天何言哉？四时兴焉，百物生焉，天何言哉？”[③]这里的天既是自然意义的天，也具有作为万物的创造之源，默默运行于万物间，不对万物之生育长养强加干预的德性意义。（4）德性之天。“大哉尧之为君也！巍巍乎！唯天为大，唯尧则之。”[④]尧帝真是了不得啊！真是高大啊！只有天最高最大，只有尧能够学习天。这说明“天”是圣人学习的榜样，是道德的根源。此外，孔子还讲：“天生德于予，桓魋其如予何？”[⑤]老天既然赋予我这样的美德，桓魋又能对我怎么样呢？孔子自信有德，德来

① 《论语·雍也》。
② 《论语·子罕》。
③ 《论语·阳货》。
④ 《论语·泰伯》。
⑤ 《论语·述而》。

自天。孔子还将自身生命体验与对天之德的体证结合在一起说："吾十有五而志于学，三十而立，四十而不惑，五十而知天命，六十而耳顺，七十而从心所欲不逾矩。"①孔子以此说明，人的性命既然为天所赋予，那么个体就应该积极追求生命和死亡的意义，勇于承担自己的天职，把天做主宰转化为人做主宰。天命于是构成了主体内在德性的价值源头。

孔子以后，儒家对德性之天的认识不断加深，反映在《易传》《中庸》《孟子》等典籍当中，主要包括两大方面：

第一，大化流行，生生不已。

《周易·乾·彖传》说："大哉乾元！万物资始，乃统天。云行雨施，品物流形。大明终始，六位时成，时乘六龙以御天。乾道变化，各正性命。"

这段话赞颂了天道乾元创生、成就万物之性命的生生之德。天道乾元的德性作用创造了诸如云行雨施等各种有利于万物成长养育的条件，赋予了万物的内在本质上的规定——"性"，从而形成了一个生机无限的现实世界。所以《易传·系辞下》说："天地之大德曰生。""生"，就是生物成物，这正是天道乾元的根本德性。

天道乾元的德性也可以用"元亨利贞"②四德来表示，也就是元始、亨通、和谐有利、贞正坚固四种德性。元始的德性产生出万物，亨通的德性使万物生长，和谐有利的德性利于万物的生长与和谐共存，贞正坚固的德性使万物能够持守

① 《论语·为政》。
② 《周易·乾》。

正道。天道乾元的德性作用又是永不停歇的。《诗·周颂·维天之命》说："维天之命，於穆不已。""於穆"是深广的意思，"不已"是不止歇的意思。正因为有了运行不已、实然存在的天命，才有了一个生生不已、充满生机的世界。

第二，继善成性。

《易传·系辞上》说："一阴一阳之谓道，继之者善也，成之者性也。"阴阳二气相荡相摩、屈伸往来，化生出宇宙万物。对于宇宙万物而言，天道的生生之德是绝对至善的。继承天道的万物，同时也继承了至善的天道，并内在地保有为自己的本性。《中庸》里也有类似的说法："天命之谓性。""命"就是赋予和规定，意思是天道赋予、规定了宇宙万物的本性，是一切事物内在本质规定的终极依据。

在天道所化生的所有事物当中，人最为灵明，也最能体会天命善性。《诗经·大雅·烝民》说："天生烝民，有物有则。民之秉彝，好是懿德。"意思是人秉承了天命善性，形成了自己的本性，并根据这一本性而表现出天赋的美德。反过来说，人之为人的一切德性才干莫不根源于天。《中庸》里是这样说的："唯天下至诚，为能经纶天下之大经，立天下之大本，知天地之化育。夫焉有所倚？肫肫其仁，渊渊其渊，浩浩其天。""至诚"就是忠实于天赋的人性，至诚的人也就是圣人。唯有圣人能够建立宇宙、社会的根本秩序，树立宇宙、社会的根本法则，知道天地化育万物的大德。圣人是凭借什么做到这些的呢？他凭借的不是任何外物，不过是恳切的仁心和广大的才具，而这一切又归诸于浩浩荡荡、流行不已的天道天命。《孟子·尽心上》说："尽其心者，知其性也。知其性，则知天矣。"人如果充分扩充自身善良的本心，就懂得了人的本性；懂得了人的本性，就懂得了天命、天道。人心、人性和天道之间，是贯通无碍的。人可以通过推扩其天赋本性，在道德实践中回归到天道生生不息的德性精神。这一点，只有在人性以天道为根源的意义上才能够成立。

儒家天道思想是儒家人性论的基础，它从两个方面赋予了人生以根本的意义。首先，它为包括人在内的宇宙万物确立了一个普遍超越的、同时又内在于万物的至善天道。至善天道将人的存在、物的存在与宇宙的存在紧密联系在一起，肯定存有的连续性和宇宙的有机整体性，因而不需要向外追求第一原因或最终本质等抽象答案，得以将目光始终聚焦在生命哲学上。其次，它肯定了个体生命存在的道德价值。个体的道德生命根源于至善的天道，秉受了天命之性，并以之为个体道德实践的无限精神动力。个体得以通过对天道的自觉和归复，彻悟生命存在的价值与意义。就这点而言，人与人之间是绝对平等的。

后代儒者根据自己的体认，用不同的称呼以凸显天道和人性的具体内涵，如汉儒董仲舒称天道为"乾元"，程颐和朱熹称之为"天理"。也有学者干脆将天道和人性统一在一个概念下，以突出两者之间一而二、二而一的关系，如北宋周敦颐谓之"诚"或"诚体"，程颢谓之"仁体"，陆九渊称之为"本心"，明儒王守仁称之为"良知"，等等。但万变不离其宗的是以天道为至善存有，以人性为至善天道的具体落实。天人性命的密切关系构成了儒家天道论始终一贯的理论特征。

（二）道德的人性基石：性善论

既然人性是对天道的继承，而天道是至善的，因而人性也必然是纯善的。这一思想就叫作“性善论”，是儒家的主流观念。

1. 先秦性善论

在人性问题上，孔子提出了“性相近也，习相远也”[1]的著名观点，意思是人的本性或天性都是相近的，是后天行为、环境的影响才使人们之间有了善恶高下的差别。他并没有直接说人性本善，但从“为仁由己”[2]“我欲仁，斯仁至矣”[3]等话语可以看出，孔子显然认为人的道德依据是内在的、不用求诸于外的。

孟子发挥并高扬了人性善的思想。他认为，人性不是别的，就是人内在固有的良心善性，也叫“不忍人之心”。他通过“孺子将入井”的比喻来说明这一点：“所以谓人皆有不忍人之心者，乍见孺子将入于井，皆有怵惕恻隐之心。非所以内交于孺子之父母也，非所以要誉于乡党朋友也，非恶其

① 《论语·阳货》。
② 《论语·颜渊》。
③ 《论语·里仁》。

声而然也。由是观之，无恻隐之心，非人也；无羞恶之心，非人也；无辞让之心，非人也；无是非之心，非人也。恻隐之心，仁之端也；羞恶之心，义之端也；辞让之心，礼之端也；是非之心，智之端也。人之有是四端也，犹其有四体也。”①

孟子关于人性的讨论，是从人的情感出发的。这是人的道德直觉、道德担当、当下直接的正义冲动，并没有任何其他的功利的目的。任何人在猝不及防的情况下，见到孩子即将掉入井中，一定都会产生惊惧、同情的情感，或者不由自主地呼喊出声，或者不由自主地做出挽救的动作。这种道德情感的产生，不受种族、文化、身份地位、教育水平的限制，也不是思考、权衡的结果，完全是自然而然、出乎人的天性的，这表明一切人都天然地具有善性。与恻隐之心类似，人性当中还存在羞耻憎恶之心、谦让恭敬之心、判别是非之心。恻隐、羞恶、辞让、是非之心合称为“四端”。“端”，本义为植物萌芽时所生出的幼芽和幼根，引申为开始、发端。恻隐之心是仁的发端，羞恶之心是义的发端，辞让之心是礼的发端，是非之心是智的发端。人之有“四端”，如同人之有四肢。“四端”的普遍、真实存在，说明人性中的仁、义、礼、智同样是真实无妄的。“四端”以及“四端”背后的人性，不是由任何外在的东西决定的，是“天之所与我者”②，即天所赋予的人的内在本质规定，是个体内在的先天禀赋。所以孟

① 《孟子·公孙丑上》。
② 《孟子·告子上》。

子也说："仁义礼智，非由外铄我也，我固有之也。"[①]人们通过反躬自问、反求本心，便能知道道德的内在根据在自己。总的来说，孟子以心善言性善，认为人性本善，并以人的良心善性是天之所赋、人性先于经验的特性作为区别于他物的类特性、类本质。这就使得人善性在人之类的范围内具有普遍性。

在与告子的多处辩论中，孟子进一步阐明了性善论。告子是一位坚持"性无善无恶论"的学者，他主张人性如水，"决诸东则东流，决诸西则西流"；认为"生之谓性"，"食色性也"，满足生存繁衍的欲望才是人性；"仁内义外"，性当中没有所谓仁义礼智的内容。[②]针对告子的说法，孟子指出："水信无分于东西，无分于上下乎？人性之善也，犹水之就下也。人无有不善，水无有不下。今夫水，搏而跃之，可使过颡；激而行之，可使在山。是岂水之性哉？其势则然也。人之可使为不善，其性亦犹是也。"[③]

人性本善，就像水必定向下流动。东边开个口子使水流向东，西边开个口子使水流向西。地势的高低，固然会改变水的流向，但不能改变的是水流向下的本性。人性也是如此。在社会生活中，对同一事物，也许不同的人会有不同的道德判断，甚至还有人会做出不道德的事。但这不过是经验层面的差异，决不能说明人性本身是不善的 。

说"生之谓性""食色性也"，也没有把握到人性的本质。

① 《孟子·告子上》。

② 参见《孟子·告子上》。

③ 《孟子·告子上》。

孟子辩驳说，牛、马也有天生的性，也有生存繁殖的需要，难道说人性等同于牛性、马性吗？孟子不否认人有自然欲望之性，但认为人具有不同于动物或他物的特殊性，这就是道德性。如将自然欲望作为人之本性，则无法讲清人与动物或他物的区别，只有道德本性才是人最根本、最重要的特性，是人之所以为人的标尺。仁义礼智是人内在善良本性的自然发展，而不是外在于人性的东西。正是在这个意义上，孟子指出："人之所以异于禽兽者几希。"①人和禽兽的差别非常小，但人性中本然地具有仁义，这就决定了人禽之间的根本区别。

可是，既然说人性本善，那么现实的人为什么会为恶呢？孔子说"习相远"，认为是后天的习染将人性导向善恶不同的方向。孟子则提出了"牛山之木"的比喻："牛山之木尝美矣，以其郊于大国也，斧斤伐之，可以为美乎？是其日夜之所息，雨露之所润，非无萌蘖之生焉，牛羊又从而牧之，是以若彼濯濯也。人见其濯濯，以为未尝有材焉，此岂山之性也哉？虽存乎人者岂无仁义之心哉？其所以放其良心者，亦犹斧斤之于木者也，旦旦而伐之，可以为美乎？其日夜之所息，平旦之气其好恶与人相近也者几希，则其旦昼之所为，有梏亡之矣。梏之反覆，则其夜气不足以存；夜气不足以存，则其违禽兽不远矣。人见其禽兽也，而以为未尝有才焉者，是岂人之情也哉？"②在大都市的郊外有一座牛山，

① 《孟子·离娄下》。
② 《孟子·告子上》。

日夜受雨露润泽，上面的树木不断生长，很是茂盛。但人们老用斧子去砍伐，又在山上放羊牧牛，牛山于是变得光秃秃的了。光秃秃的山丘难道是牛山本来的样子吗？这和人们丧失良心善性的过程多么类似啊！人人都有天生的善性。在平日无事的时候，这人的善性和其他人没有什么区别，可在为人处世的过程中，这人的所行所为却掩盖了自己的善性。但这并不表明他没有善良的资质和本性，而是由于他对自己的善性没有加以培植推扩，反而受外在环境的影响而遮蔽了自己的善性。所以通过自觉修养工夫，滋养我们内在的良心善性，返善复始，成就道德人格，就变得非常重要了。

性善论是儒家思想最重要、最伟大的贡献。世界上的其他宗教、哲学、文化，或认为人生而具有原罪，应当匍匐在神面前请求宽恕；或认为人性是有限的、恶的，需要用严刑峻法加以管束约制。在这些文化系统中，人是渺小的。孟子的性善论则将人性与天道沟通起来，人向上的、向善的依据不在于任何外部神灵，而只来源于人本身所具有的人性；人性在本质上是对天地大道的继承，所以人可以凭借自己的德性，实现与宇宙万物和谐共处，从而实现对现实的人的超越。人也因而与天、地并列，在宇宙中具有特出的地位。人于是乎成为一个大写的人！

在人性论问题上，儒家内部也存在着其他思想流派。如荀子就以“性不善论”（也称“性恶论”或“性朴论”）为基本主张。他认为人性以“饥而欲饱，寒而欲暖，劳而欲休”为主要内涵，为了避免人的欲望不当扩展，而使社会陷入混乱无秩的状态，就必须加以“化性起伪”[1]。“伪”是“人为”的意思。也就是通过后天教育，以仁义礼智来疏导改造人性，使人们都能向善，实现社会乃至天下的和谐。

汉代流行一时的“性三品说”，也与孟子普遍性善的观点不太一样。持“性三品说”的主要儒者有董仲舒、王充、荀悦等人。他们认为人性可以分为上、中、下三等，上等是先天纯善的，下等是不可教化的，这两种人数量都极少；占绝大多数的是“中民”，也就是一般人，可以通过教化使其养成善德。“性三品说”最后在唐代韩愈处集大成。另外，汉代扬雄也有人性“善恶相混说”。以上这些观点，在人性内涵上虽然不同于孟子，但在认同人有为善的可能、肯定人能够通过道德实践去恶存善这一点上，仍体现出鲜明的儒家特点。

2. 宋明儒学的性善论

“性善论”成为儒家的标志性观点，离不开宋明儒学的创造性转化和创新性发展。宋明儒学将《孟子》《中庸》《易传》三部典籍的天人性命思想结合起来，认为天命之性是全体的、至高的善，但人在禀气赋形的过程中，所得的气却有清浊、昏明的不同；气禀的不同以及后天习气的熏染，可能会遮蔽天命善性，于是乎产生经验层面的恶，故只有通过严格的道德实践，才能归复本始的善性。这一严密的论证，使得性善

① 《荀子·性恶》。

论大放异彩，成为儒家的主流思想。以下我们通过张载、程颢、程颐、朱熹和王夫之的观点，来进一步了解宋明儒学的人性思想。

北宋大儒张载认为，“气”是世界的本源，人同天地万物一样都根源于气，人的本性也同于天地万物的本性，这一本性就是“天地之性”。“性于人无不善”[①]，天地之性决定了人的至善本性。在肯定天地之性的前提下，张载认为还存在“气质之性”：“人之刚柔、缓急，有才与不才，气之偏也。”[②]现实的个体存在着刚柔、缓急等气性或才性的偏差，气质之性的差异构成了现实个体的善恶之别。但是，人可以通过自己的努力，变化气质之性，返回到纯善的天地之性。如张载所说：“形而后有气质之性，善反之则天地之性存焉。”[③]人由气质之性归复到天地之性，即能够正确地理解宇宙人生，不为生死寿夭所苦，不为贫贱忧戚所累，达到圆满的人生境界 。

和张载同时代的程颢、程颐兄弟，进一步强调了天理、性命、心物的同一性。“在天为命，在义为理，在人为性，主于身为心，其实一也”[④]，命、理、性、心虽随其所寓而名称不同，但其实为一。这种同一性赋予了人性善以普遍性。“性即是理，理则自尧舜至于涂人，一也”[⑤]，尧舜是上古时期的圣王，涂人就是普通人，但无论圣人常人，他

---

① 《正蒙·诚明篇》。

② 同上。

③ 同上。

④ 《二程遗书》卷十八。

⑤ 同上书，卷十二。

们继承的天理是一样的，因此在人性本源之善这一点上，圣人与常人是完全平等的，所以说“且如言人性善，性之本也”[①]。善性也叫“良知良能”，这是继承了孟子的说法。天命无亲，仁德周遍，万物皆有良知良能。良知良能“自家元足”，但在接物的过程中，容易为物欲蒙蔽，就像水流被污染：“水之清，则性善之谓也。故不是善与恶在性中为两物相对，各自出来。有流而未远，固已渐浊；有出而甚远，方有所浊；有浊之多者；有浊之少者。清浊虽不同，然不可以浊者不为水也。”[②]清是水的本性，善是人的本性，物欲习气遮蔽了人的本然善性而产生恶，并不是在人性中存在一个恶的本性。以是之故，人们可以加之以澄治之功，存养源于天理的至善本性，涤除个人身上表现为恶的私欲与人欲。

在“二程”（程颢、程颐）的基础上，朱熹对性善论作出了更为详尽的论述。他认为“性”有多重含义：一是指天命之性、本然之性，是人物得之于天命而禀受在已之“德”，因为天地之理相通，所以也称为“理性”；二是指气质之性，气质之性不是在天命之性外别有一性，而是从气质之禀受而言，指在理和气的共同作用下，所赋予人和万物的性。天命之性是从本然上言，从理上说的；气质之性兼理气而言，是从形下的角度说的。理气是浑然一体的，“既有天命，须是有此气，方能承当得此理。若无此气，则此理如何顿放”[③]。天命之性无不善，“这个理在天地间时，只是善，无有不善。生

① 《二程遗书》卷十八。
② 同上书，卷一。
③ 《朱子语类》卷四。

物得来，方始名曰‘性’”[①]，即人的理性是继天理而来，只有善，没有不善。气质之禀则有清明、昏浊，正通、偏塞，纯粹、驳杂之别，因而与天命之性浑成一体时，有透明或障蔽的作用。正如灯笼一般，灯笼外边纸张的厚薄决定了光线的强弱，气禀的清浊也就决定了天命之性被遮蔽的程度不同，这一作用对天命之性来说便有善恶的区别。朱熹还用“心统性情”说，阐释发展了孟子的性善论。朱熹指出：“恻隐、羞恶、辞让、是非，情也。仁、义、礼、智，性也。心，统性情者也。端，绪也。因其情之发，而性之本然可得而见，犹有物在中而绪见于外。”[②]朱熹认为，仁、义、礼、智四者是性，恻隐、羞恶、是非、辞让则是情，性是情产生的内在根源，情是性的外在表现，性情统贯于一心。心具有知觉灵明，是人的主宰：“心者人之神明，所以具众理而应万事者也。”[③]心就像镜子一样是虚空能照的，能够照见并存有仁义礼智之性，并在具体实践中将内在的仁义礼智之性发而为恻隐、羞恶、是非、辞让等具体的道德情感。这样，人的本然善性便通过心统性情的作用，在具体个人身上得到落实与体现。

明清之际的儒者王夫之对性善论作出了新的阐发。他认为，人性是“日生日成”的：“形日以养，气日以滋，理日以成；方生而受之，一日生而一日受之。……故天日命于

① 《朱子语类》卷五。
② 《孟子集注》卷三。
③ 同上书，卷十三。

人，而人日受命于天。故曰性者生也，日生而日成之也。”[①]人之所以为人，是因为人不断接受天命之善的禀赋。人性的养成是天所降命、人通过日新之气不断接受天之所赋善性而“自生自成”的过程。人性既然是一个动态生长的过程，那么必然与人后天的学习、修养有关。故王夫之又强调，人需要通过后天的学习，使人的本性、能力不断增强。这也就是说，人性的养成也是人积极用世、谨慎敬业、“择善而固执之”的自觉修身养性的过程。那么，人性的内涵究竟是什么呢？王夫之认为是人欲与天理的统一。他说：“盖性者生之理也，均是人也，则此与生俱有之理，未尝或异；故仁义礼智之理，下愚所不能灭，而声色臭味之欲，上智所不能废，俱可谓之性。”[②]性是人生来具有的理，既包括仁义礼智诸德，也包含声色臭味等合理的欲求。人欲和天理之间并无二致，“人欲之各得，即天理之大同；天理之大同，无人欲之或异”[③]。在礼的秩序与节度下，每个人的基本欲求如“饮食男女”，都具有合理性与正当性，这些欲求都得以满足就是公欲与天理。既然理、欲皆善，那么不善又从何而来呢？王夫之指出：“功罪一归之情，则见性后亦须在情上用功。”[④]意思是性发而为情以后，就有了善和不善的区别。尽管不善来自情，但没有情，为善也不能实现。所以对待情绝不是要去除它，而是要以礼来节制它、引导它。

① 《尚书引义·太甲二》。

② 《张子正蒙注》卷三。

③ 《读四书大全说》卷六。

④ 同上书，卷十。

人性论是宋明儒学的重中之重，宋明儒学也因为对人性论的探讨而显得极为深刻。正是在前后相继的探讨过程中，性善论渐渐确立了自己的主流地位，成为儒学的标志性观念。

二、返善复始的工夫论

儒学性善论一方面指出人性以天道、天命、天理为依据，是本然纯善的；另一方面则要求人必须弘扬、归复天命之本然善性，成为一个真正有价值的人。不如此，人便丢弃了人之为人的天赋使命，自甘堕落而与禽兽相同。为此，儒家将修身摆到了一个极其重要的位置。儒家始终强调个体的身心修养是“成己”“成人”“成物”的基础，个体道德人格的成就，是他人人格成长和社会道德建设的基石。孔子以“修己以安人”“修己以安百姓”①为教；《大学》强调“自天子以至于庶人，壹是皆以修身为本”；《中庸》主张“知所以修身，则知所以治人；知所以治人，则知所以治天下国家矣”。所谓“修身”，就是以自强不息的德性精神，响应天道的生生之德，向内实现道德人格的自我完善，向外发展经纶天下、化育众生的才具，进而实现齐家、治国、平天下。那么该如何进行修身呢？围绕这一问题，历代儒者发展出一套内涵极其丰富的修养理论，我们称之为“工夫论”，也叫“修养论”。

工夫论散见于汗牛充栋的历朝历代典籍论著之中。就先

① 《论语·宪问》。

秦而论，《论语》讲“克己复礼”“三省吾身”“反身而诚”“好学”“力行”“知耻”，《大学》提出要“格物”“致知”“诚意”“正心”，《中庸》提出“明善”“诚身”“戒慎”“慎独”等，《孟子》讲“养气”“存夜气”“求放心”，《礼记·儒行篇》更是对儒者的言行提出了许多具体的要求。到了宋元明清时期，儒者在继承前代工夫论的基础上，又结合自身的修养经历，阐发出一套更加完整且系统的工夫论。如张载的“大其心”“知性成礼”，二程、朱熹的“定性”“识仁”“格物致知”“敬与集义”，陆九渊的“发明本心”，王守仁的“致良知”“知行合一”，王夫之的“知行并进”，等等。要在这里一一穷尽儒学工夫论，是不可能也无必要的。在此，我们根据《中庸》和宋明儒的说法，将儒学工夫论分为“尊德性”和“道问学”两个大的方面，予以简略介绍。

（一）尊德性

所谓“尊德性”，即对天命善性、良知良能、良心本心的体会、涵养与推扩，这种修养工夫较为注重个体道德人格的修养。

1. 立志为先

“立志”是一切道德修养工夫的“头脑”。儒家强调的立志，就是立为学之志、立成德之志。

孔子自述人生经历时说"吾十有五而志于学"[①]，也就是说孔子十五岁就立定了向学成德的志向。而毕其一生，他也确实以修己安民、克己复礼为志业，不曾有分毫动摇。孔子及孔门弟子们就"君子小人之辨""义利之辨"的反复讨论体现了立志的重要意义。在孔子那里，君子是有德者的通称。孔子说："君子食无求饱，居无求安，敏于事而慎于言，就有道而正焉，可谓为学也已。"[②]君子也叫士，"士志于道，而耻恶衣恶食者，未足与议也"[③]。君子不以物质享乐为目的，而是以天下正道为追求；以道为志向的人，又怎么能追求不恰当的物质享乐呢？君子与小人的区别，也就在于对待义利的不同态度上："君子喻于义，小人喻于利"；"君子怀德，小人怀土。君子怀刑，小人怀惠"[④]。君子重德性，小人讲利益。"德""义"具有更高的人生价值，应当成为君子必然的人生追求。由"君子小人之辨""义利之辨"可以看出，孔子强调的立志，就是以义为先，以做君子为志。

孟子也提出要做"大人"。他说："耳目之官不思，而蔽于物。物交物，则引之而已矣。心之官则思，思则得之，不思则不得也。此天之所与我者。先立乎其大者，则其小者不能夺也。此为大人而已矣。"[⑤]这段话是说，耳目这类器官不会思考，容易被外物蒙蔽而误入迷途。心的功能在于思

① 《论语·为政》。

② 《论语·学而》。

③ 《论语·里仁》。

④ 同上。

⑤ 《孟子·告子上》。

考。人通过心的自我反思，便能彻底了解其纯善的本性；如若没有心的反躬自问，就一定会丧失其本性。只有把“心”树立起来，耳目之欲才不会把人的本心善性夺去。能立本心的人就叫作“大人”了。孟子以此揭示出，要志于圣贤之道，从根本上说就是要挺立人的本心。

孔孟强调立志为先，实际上就是强调主体的自主自觉。只有自觉于人的本然善性，个体才能拥有道德践履的动力，为善去恶，成就人格，进而推扩到家、国、天下等方方面面。受此影响，后世儒者莫不以立志为首要工夫。

宋代儒家学者经常举出“颜子所好何学”的例子来启迪后学。周敦颐讲：“圣希天，贤希圣，士希贤……志伊尹之所志，学颜子之所学，过则圣，及则贤，不及则亦不失于令名。”[①]在这里，周敦颐指出了士、贤、圣、天的人格层级，列出了士人向贤人学习、贤人向圣人学习的修养途径，并举出了伊尹和颜回两大榜样。伊尹是商汤的相，他怀有以尧舜之道匡正天下的志向，辅佐商汤伐桀灭夏，建立了商朝。颜回是孔子的学生，以安贫乐道、好学不倦著称，被后世列为孔门弟子之首。周敦颐举出这两个人，也就是鼓励学者要有匡济天下、安贫乐道的志向。另一位北宋大儒胡瑗在执掌太学时，以“颜子所好何学”为题来考察太学生。当时年不过弱冠的程颐，以“学以至圣人之道”为主题，就此作了一篇《颜子所好何学论》。胡瑗“得先生所试，大惊，即延见，

① 《通书·志学》。

处以教职”[①]。程颐所说的“学以至圣人”，实际上也就是以圣人之道为求学的志向。

宋儒胡宏强调“立志以定其本，而居敬以持其志”[②]。朱熹对这句话极表赞成，他自己也说：“学者大要立志。”[③]立志是为人为学的“头脑”，是一切修养工夫的前提。陆九渊同样将立志摆在为学的首要位置，他说：“无志则不能学，不学则不知道。故所以致者在乎学，所以为学者在乎志。”[④]他显然是将立志视作为学、求道的根基。北宋淳熙八年（1181），朱熹请陆九渊到庐山白鹿洞书院讲学。陆九渊为诸生讲“君子喻于义，小人喻于利”一章。陆九渊围绕“义利之辨”，辨析了“志于义”和“志于利”两种为学目的，批判了以利为尚的科举俗学，振作了学者学为君子的精神。听众很受感动，座中至有流涕者。时逢早春，天气微冷，朱熹也激动得汗出挥扇。[⑤]

明代儒者王守仁指出：“志不立，则天下无可成之事，虽百工技艺，未有不本于志者。”[⑥]意为立志是成就各种事业、学习各项技艺的基础。王夫之说：“志立则学思从之，故才日益而聪明日盛，成乎富有；志之笃，则气从其志，以不倦而日新。”[⑦]只有笃立其志，人才能不断进步，最终有所成就。

---

① 《伊川先生年谱》。

② 《胡宏集·复斋记》。

③ 《朱子语类》卷八。

④ 《象山集》卷二十一。

⑤ 参见《象山先生年谱》。

⑥ 《王阳明全集》卷二十九。

⑦ 《张子正蒙注》卷五。

历代儒者无不重视立志，强调立志在为学修身中的首要地位。而将儒者志向表达得最为明白的，莫过于“横渠四句教”：“为天地立心，为生民立命，为往圣继绝学，为万世开太平。”[①]这四句话点出了儒者的文化使命和历史担当，将个体的道德修养和人格完善，与宇宙万物的生育长养、良好社会秩序的建设以及儒学所始终坚持的“道”紧密结合在一起。“横渠四句教”自提出以来，不仅得到了历代儒者的广泛认同，而且哺育了许许多多的志士仁人，激励他们终生奉行道德理想，将生死利害等一切置之度外，以天下为己任，救邦国于危难，拯生民于涂炭。

2. 省察克治

儒家认为，天命善性或者说良知本心容易为物欲遮蔽，也必然会受到气禀的拘束。只有不断地反省检查、克治约束自己的私欲，才能保有良知本心，不为物欲所牵，不为情欲所溺。这种修养工夫就叫作“省察克治”。

省察克治首先要求寡欲。这里的欲望，特指不恰当的物欲。儒家承认人类的基本欲望是合理的，但也认为，这些欲望一旦越过了维系人类生存发展的必要限度，就会变成邪欲、侈欲。这种欲望于内在的心性修养极为有害，因而必须加以省察克治，才能保持本心的清明。孔子说：“非礼勿视，非礼勿听，非礼勿言，非礼勿动。”[②]遵守礼，便可不为

① 《近思录·为学》。
② 《论语·颜渊》。

物欲牵引，言行合乎规范。孟子进一步指出了寡欲和养心的关系："养心莫善于寡欲。其为人也寡欲，虽有不存焉者，寡矣；其为人也从欲，虽存焉者，寡矣。"①只知道放纵自己的欲望，而不知道加以节制，这样的人往往利令智昏，没有不丢掉自己本心的。因此，存养本心善性的前提条件就是克治不当的物质欲望。

省察克治还需要克去心中的私意与骄惰怨忿等习气。个体受其血气性情或不良习气的影响，会表现出骄傲、浮夸、暴戾、易怒、怯懦、私吝等坏脾性。省察克治就是要动心忍性、变化气质，去掉习气的遮蔽。孔子说："君子有三戒。少之时，血气未定，戒之在色。及其壮也，血气方刚，戒之在斗。及其老也，血气既衰，戒之在得。"②人生的不同阶段，有不同的血气作用于自己。克治不良的血气欲望，要做到少年时不迷恋女色，壮年时不好勇斗狠，老年时不贪求无厌。克治情欲习气，离不开反躬自省，也就是个体内心的自我警觉。孔子说："见贤思齐焉，见不贤而内自省也"③，孔门弟子曾子说："吾日三省吾身"④，都是强调通过自我警觉、反省的方式，加强个体的道德修养。

在《大学》当中，这种由个体自我收束所达到的对道德规范的遵守，被称为"絜矩之道"。"絜"本意为度量；"矩"是

---

①《孟子·尽心下》。
②《论语·季氏》。
③《论语·里仁》。
④《论语·学而》。

指画直角或方形用的尺子，象征个体所要遵循的基本道德原则。《大学》里讲："所恶于上，毋以使下；所恶于下，毋以事上；所恶于前，毋以先后；所恶于后，毋以从前；所恶于右，毋以交于左；所恶于左，毋以交于右。此之谓絜矩之道。"在与他人相处的过程中，人们要以己度人，即以自己的欲望、要求、好恶来推测和量度他人。如此，人们便能遵守共同的道德准则与规范。《大学》还提出了"止"的道德修养途径："为人君，止于仁；为人臣，止于敬；为人子，止于孝；为人父，止于慈；与国人交，止于信。"要而言之，"止"就是对仁、敬、孝、慈、信等道德伦理准则的严格遵守，是指个体修养所达到的道德实践层次与道德境界。《大学》提出的"絜矩之道"和"止"，实际上都是以道德原则来克治个体不当的情欲与习性。

《中庸》把自我反省以及对道德规范的恪守称为"慎独"。"君子戒慎乎其所不睹，恐惧乎其所不闻。莫见乎隐，莫显乎微，故君子慎其独也"，意为君子要常存敬畏之心，谨慎地要求自己，使自己的心思、行为在任何场合都合于正道。《中庸》强调，要时时保持一种如临深渊、如履薄冰的心理状态，在自我警醒当中约束自身的言行。宋儒朱熹在解读《中庸》慎独工夫时，又着重阐发了"人所不知而己所独知之地"[①]的意涵，强调无论他人知与不知，个体都应该时刻保持内心的检点和言行的谨慎，这样便可以达到仰不愧于天、俯不怍于人的境地。

① 《中庸章句》。

宋代张载以礼教人。他说："世学不讲（礼），男女从幼便骄惰坏了，到长益凶狠。只为未尝为子弟之事，则于其亲已有物我，不肯屈下，病根常在。"①人们从小便没有接受礼的教育，被家人娇惯坏了，从而养成了骄奢怠惰等种种不良习惯。因此，"学者有问，多告以知礼成性，变化气质之道"②。只要人们用心学习各种道德礼仪规则，便能以义理来节制与引导情欲，克治不良习气，从而变化气质之性，复归天命之性。宋儒程颢则主张以义理节制血气。他说："义理与客气常相胜，只看消长分数多少，为君子、小人之别。义理所得渐多，则自然客气消散得渐少，消尽者是大贤。""客气"就是血气，义理和客气是相对的，义理胜过客气便为君子，客气掩盖义理便是小人。义理可以使客气消散，客气全消便是圣贤。客气之中，又以愤怒、惧怕等情绪最难节制。"治怒为难，治惧亦难。克己可以治怒，明理可以治惧"。③只有通过自我克治、阐明义理，才能克治人心中的怒、惧、私吝等不良习气。

3. 存心养性

存心养性就是体察存养人的本心和善性，使之长存而不失。《大学》中提到了八种修养工夫，其中之一叫作"诚意"："所谓诚其意者，毋自欺也。如恶恶臭，如好好色，此之谓自谦。故君子必慎其独也。"诚意就是不要自我欺骗，从

① 《张载集·经学理窟》。

② 《近思录·圣贤》。

③ 《二程遗书》卷一。

自身的良心出发，弃恶扬善，以德性滋养身心，使内心无所虚欠、自足宽适。明儒王守仁说：“大学之要，诚意而已矣。”① 他认为诚意是“圣人教人用功第一义”，强调通过“致良知”来“诚意”。《中庸》主张“中节”：“喜怒哀乐之未发，谓之中；发而皆中节，谓之和。中也者，天下之大本也；和也者，天下之达道也。”情感未发之前，心寂然不动，无所谓过与不及，这种状态叫作“中”；情感抒发以后，自然而然，恰到好处，合乎中道，无所乖戾，这种状态叫作“和”。宋儒朱熹解释说，中节是由性达情的工夫，个体如果遵循内在的天命善性而行，必然能够在其性情之中表现出善的道德品质。“诚意”和“中节”，都有存心养性的工夫意味。

孟子特别重视存心养性的修养工夫。他说：“存其心，养其性，所以事天也。”②朱熹解释说：“存，谓操而不舍；养，谓顺而不害；事，则奉承而不违。”③时刻保有具众理而能应万事的本心，顺从而不戕害源自天命的本性，于是乎就可以奉承而不违背天命了。由此看来，存心养性就是返善复始最重要、最根本的工夫。如何才能存心养性呢？首先，要“反身而诚”。孟子说：“反身而诚，乐莫大焉。强恕而行，求仁莫近焉。”④“诚”就是真实不妄。“反身而诚”就是回到良心本性上来，体验天命之性的真实不妄。能够体验到这一点，便知道好善恶恶的情感就如同厌恶恶臭、喜好美色一样，同

① 《大学古本序》。
② 《孟子・尽心上》。
③ 《孟子集注》卷十三。
④ 《孟子・尽心上》。

样是真实不妄的。其次，存心养性还应“求其放心”。孟子说：“学问之道无他，求其放心而已矣。”[①]良心虽是人人所本具，但如果不善于保养就会丧失。自家的鸡犬丢失了要找回来，良心丧失了怎能不找回来呢？时时不忘求其放心，也就是保有本然的良心了。再次，存心养性还应扩充良心善性。孟子指出：“凡有四端于我者，知皆扩而充之矣。若火之始燃，泉之始达。苟能充之，足以保四海，苟不充之，不足以事父母。”[②]良心善性为人所本有，在现实生活中，人们应尽力将其推扩开来，使之如同火苗一样逐渐兴旺，如同泉水一样曲折蜿蜒无处不到，只有这样潜藏的善才能变为现实的善，最终达善天下。最后，存心养性还要善于养气。孟子说：“其为气也，至大至刚，以直养而无害，则塞于天地之间。其为气也，配义与道；无是，馁也。是集义所生者，非义袭而取之也。行有不慊于心，则馁矣。”[③]他认为，人天生有浩然正气，持养这种浩然正气，使之充盈于心，义理之心便有力量，可以担当，可以实践，做到无所惧，无所疑，能担当大任而不动心，从而抵御任何安危荣辱、突然事变。孟子一方面以天命为良心善性的根源，另一方面强调通过存心养性来保存天命。这一彻上彻下的思想，对后世儒学尤其是宋明儒学产生了极大的影响。

宋代张载继承孟子的“尽心说”，提出要“大其心”。他

① 《孟子·告子上》。
② 《孟子·公孙丑上》。
③ 同上。

指出："大其心则能体天下之物，物有未体，则心为有外。世人之心，止于闻见之狭。圣人尽性，不以见闻梏其心，其视天下无一物非我。"[①]"大其心"也就是尽性，指通过心的体证，领悟到万物和个体存在其实是息息相关的，从而突破闻见之知的局限。宋儒程颢以"定性"阐述其存养工夫。程颢在《定性书》中描述人性的应然状态应该是"动亦定，静亦定，无将迎，无内外"。在与外物相接时，性不应执着留恋于外在事物，但也不应矫揉造作，应当随物之来，自然而然地作出反应。这样一来，人的心灵便能摆脱各种外物纷扰，同时也能摆脱动静、内外的自我设定，而达到自由、平静、安宁的境界。陆九渊继承孟子的思想，提出了"发明本心"的工夫。他说："人心有病，须是剥落。剥落得一番，即一番清明；后随起来，又剥落，又清明；须是剥落得净尽，方是。"[②]本然之心受到熏习而成现实之心，要回复本心，就要像剥洋葱一样，将那些妨害本心的东西剥落干净。本心一旦清明，就可以"收拾精神，自作主宰"："人之精神在外，至死也劳攘。须收拾作主宰。收得精神在内时，当恻隐即恻隐，当羞恶即羞恶，谁欺得你？谁瞒得你？"[③]"收拾精神"也就是自觉本心善性的真实存在，能自觉到这一点，便能够自己当自己的主人，形成正确的道德判断，产生正确的道德行为。

① 《正蒙·大心篇》。

② 《陆九渊集·语录下》。

③ 同上。

存心养性表现为一种“敬”的心理状态，宋儒由此入手，发展出“主敬”的修养工夫，即保持一种收敛身心、严整专一的状态。

程颐解释“主敬”说：“所谓敬者，主一之谓敬。所谓一者，无适之谓一。且欲涵泳主一之义，一则无二三矣。言敬，无如圣人之言。《易》所谓‘敬以直内，义以方外’，须是直内，乃是主一之义。至于不敢欺，不敢慢，尚不愧于屋漏，皆是敬之是也。”①又说：“敬是闲邪之道。闲邪存其诚，虽是两事，然亦只一事，闲邪则诚自存。天下一个善，一个恶。去善即是恶，去恶即是善。”②依程颐之见，所谓“敬”即“主一”“无适”，就是专心、一心一意，不三心二意。此处所谓“专心致志”，是指将意志集中在心上，使心不外纵，不四处游走。没有了思虑的纷扰，个体自然能够平心静气，不产生私心杂念。敬可以通过外在的言行来修习：“言不庄不敬，则鄙诈之心生矣；貌不庄不敬，则怠慢之心生矣。”③“动容貌，整思虑，则自然生敬。”④视听言动的外在修养，能够使人身心收敛，时时存有敬畏之心。朱熹继承程颐的思想，将居敬涵养视作“圣门之纲领，存养之要法”⑤。他说：“人之心性，敬则常存，不敬则不存。”⑥敬是存养心性的必由之

① 《二程遗书》卷十五。
② 同上书，卷十八。
③ 同上书，卷一。
④ 同上书，卷十五。
⑤ 《朱子语类》卷十二。
⑥ 同上。

路。居敬之法包括：（1）收敛身心，不使身心放纵散逸、四处走作，所谓“只收敛身心，整齐纯一，不恁地放纵，便是敬”①；（2）存敬畏之心，使内心常处于一种敬畏的状态，所谓“敬有甚物，只如‘畏’字相似”②；（3）自我警觉、警省，“敬只是常惺惺法”③，即使内心常处于一种警觉、警省的状态；（4）专一、无适，“主一只是专一，盖无事则湛然安静而不骛于动，有事则随事应变而不及乎他”④；（5）整齐严肃，“持敬之说，不必多言，但熟味‘整齐严肃’，‘严威俨恪’，‘动容貌，整思虑’，‘正衣冠，尊瞻视’此等数语”⑤。通过以上居敬工夫，人可以达到身心并重、内无妄想、外无妄动的境界。在儒家看来，这种境界不同于断念息虑而入寂灭的禅修境界，而是自觉提撕、警省的境界，是主体心境清明而不昏乱的境界，是自身良心善性得以著显的境界。

（二）道问学

“道问学”既指对儒家典籍的学习，也指在日常生活中的道德实践。儒家认为，人通过学习实践，能获得真切的道德体验，从而积善成德，成为才德兼备的完人。

① 《朱子语类》卷十二。
② 同上书，卷十三。
③ 同上书，卷六十二。
④ 《朱文公集》卷四十七。
⑤ 《朱子语类》卷十二。

1. 博学约礼

“博学约礼”由孔子提出：“君子博学于文，而约之以礼。”[①]“博学”指注重学习礼、乐、射、御、书、数以及典籍知识，“约礼”即用礼仪规范来约束自己的行为。儒家相信，深入地学习典籍能够完善人格修养，“其为人也，温柔敦厚，《诗》教也；疏通知远，《书》教也；广博易良，《乐》教也；絜静精微，《易》教也；恭俭庄敬，《礼》教也；属辞比事，《春秋》教也”[②]。典籍承载着大道，是礼乐文明的结晶，在学习和践行经典的过程中，儒者能够培养出极高的知识素养与性情才具。如何才能做到博学呢？古人认为读书有法。宋代朱熹曾著有《朱子读书法》，对如何读书有很详细的阐述。“朱子读书法”共六条：循序渐进、熟读精思、虚心涵泳、切己体察、着紧用力、居敬持志。他举出的方法都是极其平实的，比如：“读书须是专一，读这一句且理会这一句，读这一章且理会这一章，须是见得此一章彻了，方可看别章。未要思量别章别句，只是平心定气在这里看。”“读书且要熟读，不可只管思，口中读，则心中闲，而义理自出某之始学亦如是尔，更无别法。又曰：读得通贯后，义理自出。又看文字，端坐熟读，久之，于大字边自有细字迸出来，方是自家见得。”“读书须要耐烦，努力翻了巢穴。譬如煎药，初煎时须着猛火，待滚了，却退着以慢火养之。”“读书须静着心，宽着意思，沉潜反复，将久，

① 《论语·雍也》。

② 《礼记·经解》。

自会晓得去。”“读书须将心贴在书册上，逐句逐字，各有著落，方始好商量。大凡学者须是收拾此心，令专静纯一，日用动静间，都无驰走散乱，方始看得文字精审。”“朱子读书法”将具体读书的方法与个体的道德修养实践紧密结合在一起，是我国古代最系统的读书法，也是我国古代最有影响的读书方法论。

礼是公共性的行为规范，遵循这些行为规范，能够培养自己庄重肃穆的内心状态，成为“文质彬彬”的君子。《论语》中有很多孔子践礼的文字，如：接待宾客时，孔子面色庄重，脚步快速，行礼时俯仰翩跹，像鸟儿展翅。日常饮食起居按照礼仪规定，“食饐而餲，鱼馁而肉败，不食。色恶，不食。臭恶，不食。失饪，不食。不时，不食。割不正，不食。不得其酱，不食”；“席不正，不坐”；“寝不尸，居不容”。待人接物之际也遵循礼仪，看见穿丧服者，即便是极亲密的人，也一定要以悲戚之容来表达同情；坐在车中，遇见穿丧服者、背负国家图籍者，便把身体微微前俯，手扶车前横木以表敬意；别人以丰盛的菜肴款待，一定要改变神色，站起来感谢。如此等等，不一而足。

《礼记·儒行》对儒者的衣着、动作、居家处事、言行、饮食等方面，作出了详细的礼仪规定。如：“儒有衣冠中，动作慎”，“儒有居处齐难，其坐起恭敬，言必先信，行心中正，道涂不争险易之利，冬夏不争阴阳之和”，“其居处不淫，其饮食不溽”，等等。学者遵循礼的规范，便能加强内在的道德修养。《儒行》曰：“温良者，仁之本也；敬慎者，仁之地也；宽裕者，仁之作也；孙（逊）接者，仁之能也；礼节者，仁之貌也；言谈者，仁之文也；歌乐者，仁之和也；分散者，仁之施也。”温柔善良，是仁的根本；恭敬谨慎，是仁的实践；宽缓充裕，是仁的动作；谦逊接物，是仁的技能；礼貌仪节，是仁的表现；言语谈吐，是仁的文饰；歌舞音乐，是仁的和悦；分散财物，是仁的布施。儒者践习礼乐，练习待人接物，言谈辞气，本质上都是对道德品质的培养。

前文曾提到，宋儒张载主张“知礼成性”的修养方法。他指出，礼是古圣先王依据天地之性而制定的礼仪准则，“学者且须观礼，盖礼者滋养人德性，又使人有常业，守得定，又可学可行，又可集得义”。[①]观摩学习礼，可以滋养德性；又能使人的心志常在礼乐上，不为外物牵引；又能施用于日用伦常中；还能积累道德体验。人若能守礼，便能有所检束而不至于离经叛道。宋儒朱熹在注解孔子“博学约礼”时也说：“君子学欲其博，故于文无不考；守欲其要，故其动必以礼。如此，则可以不背于道矣。”[②]朱子认为，君子人格的培养，离不开对礼乐传统的熟稔和对周遭事物的广泛深刻认识，他主张详细地考订文本，广泛地学习各类知识。同时，行为必须以礼为准则。从这一认识出发，朱熹仿照孔子订礼的故事，手订《朱子家礼》。《朱子家礼》分为通礼、冠礼、婚礼、丧礼和祭礼五部分，以因时立制、从俗从简为原则，对社会家庭中不同时节、不同人生阶段所行礼事的具体仪节

---

① 《张载集·经学理窟》。

② 《论语集注》卷三。

进行了详细规定，使儒学的礼仪思想成为日常百姓居家礼仪的具体规范，不仅在宋元明清时期指导着百姓日常生活，甚至流播到海外，直至今日，仍在韩国、日本等东亚国家和地区及东南亚等国家和地区中存有影响。

2. 格物致知

“格物致知”一语出自《大学》。《大学》将格物致知看作诚意、正心、修身、齐家、治国、平天下的起点和基础。程颐首先将格物致知与主敬并列，提出“涵养须用敬，进学在致知”①的修养门径。他将格物解释为“穷理”，强调在广泛接触与研究事物的过程当中，把握与体会事物背后所当然和所以然的理。程颐指出：“人之学莫大于知本末终始。致知在格物，则所谓本也，始也；治天下国家，则所谓末也，终也。……格犹穷也，物犹理也，犹曰穷其理而已也。穷其理，然后足以致之，不穷则不能致也。格物者适道之始，欲思格物，则固已近道矣。”②他认为穷理的内容包括“或读书，讲明义理；或论古今人物，别其是非；或应接事物而处其当，皆穷理也”③，即通过读书明义理、论古今人物是非邪正、应接事物而处其当否的穷理途径来明白人类社会的道德义理。并且，他指出：“穷理”应该“须是今日格一件，明日又格一件，积习既多，然后脱然自有贯通处”④。“格物

① 《二程遗书》卷十八。
② 同上书，卷二十五。
③ 同上书，卷十八。
④ 同上。

穷理，非是要尽穷天下之物，但于一事上穷尽，其他可以类推。致如言孝，其所以为孝者如何，（穷理）如一事上穷不得，且别穷一事，或先其易者，或先其难者，各随人深浅，如千蹊万径，皆可适国，但得一道入得便可。所以能穷者，只为万物皆是一理。至如一物一事，虽小，皆是理”①。

宋儒朱熹认为，《大学》亡佚了一部分，即对格物致知的详细解释。为弥补这一不足，他结合程颐之意，作《格致补传》曰：“所谓致知在格物者，言欲致吾之知，在即物而穷其理也。盖人心之灵莫不有知，而天下之物莫不有理，惟于理有未穷，故其知有不尽也。是以《大学》始教，必使学者即凡天下之物，莫不因其已知之理而益穷之，以求至乎其极。至于用力之久，而一旦豁然贯通焉，则众物之表里精粗无不到，而吾心之全体大用无不明矣。此谓物格，此谓知之至也。”朱子将“格物致知”诠释为在广泛接触与研究事物的过程当中，穷究事物的道理，使人心知通天理。这里所讲的事物，主要是指人事，即与人相关的事物，也包括一般的自然之物。因此，格物致知既指在人伦日用间获取知识和智慧，又指学习、发现自然之理。朱熹也将“格物致知”理解为格物穷理。他指出：“格，至也。物，犹事也。穷至事物之理，欲其极处无不到也。”②他主要从三个方面论述穷理工夫：（1）穷理的对象与方法。朱熹指出：“且如今为此学而不穷天理、明人伦、讲圣言，通世故，乃兀然存心于一草

① 《二程遗书》卷十五。

② 《大学章句》，载《四书章句集注》。

木、器用之间，此是何学问！”[1]指出格物穷理包括穷天理、明人伦、讲圣贤之学等诸多方面，并强调有缓急先后的顺序，应该循序渐进，而不能以为可以一下子穷尽人伦物理。（2）理的内容，则包含“当然之则”和“所以然之故”两个方面。“若其用力之方，则或考之事为之著，或察之念虑之微，或求之文字之中，或索之讲论之际，使于身心，性情之德、人伦日用之常，以至天地鬼神之变、鸟兽草木之宜，自其一物之中，莫不有以见其所当然而不容已与所以然而不可易者。”[2]人们应当从具体事物、自身性情乃至人伦日用实践中，考察其“当然之则”和“所以然之故”。比如说：“如事亲当亲，事兄当兄之类，便是当然之则。然事亲如何却须要孝，从兄如何却须要弟（悌）之类，便是所以然之故。”[3]这实际上告诉人们，穷理要在人伦实践与性命的本原上落实和求索。（3）穷理的具体过程。“必使学者即凡天下之物，莫不因其已知之理而益穷之，以求至乎其极。至于用力之久，而一旦豁然贯通焉，则众物之表里精粗无不到，而吾心之全体大用无不明矣。”[4]朱熹指出万物皆有理，人们也能够通过格物穷尽事物之理。并且，他认为穷理的关键在于持之以恒，不断穷索与探究事物本身的理。久而久之，人们的穷理工夫达到一定程度之后，便能够豁然贯通，从已经知道的理当中推出人们还未能探索的理。这样，万物所具之理就能被人们

① 《答陈齐仲》，载《朱文公文集》卷三十九。
② 《大学或问》卷二。
③ 《朱子语类》卷十八。
④ 《大学章句》，载《四书章句集注》。

穷尽，而人心也就能够明白全部的道理了。

由此可见，儒学“格物致知”的思想使人们对知识的学习不仅仅局限于书本的范围，而扩展为聚众讲学、互相促进，以及在待人接物的过程中增长见闻、磨砺心智。

3. 知行合一

知行合一是通过自身的躬行实践，将其所修习的德性与学识运用于日用伦常之中而实有所得。

孔子非常重视道德践行，《论语》的第一句“学而时习之，不亦说乎”[①]，阐述的就是知行关系。学而后还要按时（或时时）践行，才能收获学习的喜悦。《中庸》以“博学之，审问之，慎思之，明辨之，笃行之”五种具体的方法与步骤，将知行直接联系在一起。它要求学者不仅要广泛学习各种知识，还要详细询问所学知识的方方面面。对所学的知识不仅要进行审慎的思考，还要明白地分辨，切实地践行。《中庸》还指出：“庸德之行，庸言之谨；有所不足，不敢不勉；有余不敢尽。言顾行，行顾言，君子胡不慥慥尔！”在此，《中庸》直接阐述了言行合一在君子人格修养当中的重要性。不仅如此，《中庸》还讲：“取人以身，修身以道，修道以仁。”“好学近乎知，力行近乎仁，知耻近乎勇。知斯三者，则知所以修身。”《中庸》所强调的好学、力行、知耻，实际上是知、仁、勇三种德性的具体修养方法。如此一来，学习、践行与修德三者便整合到一起，共同构成

① 《论语·学而》。

个体身心修养的重要环节。

朱熹的《朱子读书法》中，专门有一条“切己体察”的要法，即将学问知识与修养者的切身感受相结合。朱熹强调：“读书不可只专就纸上求义理，须反来就自家身上推究。”即学者读书不仅要懂得文本当中的字面意思，还要将书中的道理与自己的切身感受相印证，看是否真正明白了书中所讲的道理。对此，朱熹举了一个例子，他说：“学者读书，须要将圣贤方语体之于身。如‘克己复礼’，如‘出门如见大宾’等事，须就自家自上体看。”学者要将圣贤所讲的道理放在自己身上进行印证。比如孔子讲“克己复礼”“出门如见大宾”，那么学者在学习这种道理时，就应当思考自己是不是在生活当中真正做到了“克己复礼”和“出门如见大宾”，做到了才算是学会了圣人所讲的道理。这样一来，体察的工夫实际上就落实为对所学之知的反躬实践。宋儒陈亮、叶适也主张将个体知识的积累与具体行为实践结合起来。陈亮讲：“为士者必以文章行义自名，居官者必以政事书判自显，各务其实而极其所至，人各有能有不能，卒亦不敢强也。”[①]他注重实效，要求人们学以致用，发挥自己的专长；强调“各务其实”，要求人们在具体职位上竭尽所能。叶适高度强调学以致用，将格物致知与道德修养、经世致用相结合。叶适指出：“读者不知按统绪，虽多无益也；为文不能关教事，虽工无益也；笃行不合于大义，虽高无益也；立志而不存于忧世，

① 《陈亮集·送吴允成运干序》。

虽仁无益也。”[①]他强调读书做文章要有系统性，要推致义理的现实价值，道德修养实践要符合社会的道德要求及现实需要。

明儒王守仁以“知行合一”为学问宗旨。他认为知与行是不能分开的，二者是合一的。王守仁强调，“知是行的主意，行是知的工夫”，“真知即所以为行，不行不足谓之知”，“知之真切笃实处即是行，行之明觉精察处即是知，知行工夫本不可离”[②]。知与行不能分离，知必然发为外在的言行事功，否则不是真知。只有在实行中加以明觉精察，才能获得真知。知是行为当中的自我察觉，行是求知过程中的切实行动。到底什么是“实行”“真知”呢？王守仁举例说：“知痛必已自痛了方知痛，知寒必已自寒了，知饥必已自饥了，知行如何分得开。”[③]“食味之美恶必待入口而后知，岂有不待入口而先知食味之美恶者邪？……路歧之险夷，必待身亲履历而后知，岂有不待身亲履历而已先知路歧之险者邪？”[④]如同寒暑、痛病、味道、道路，只有亲身经历过并获得体验和感受，才是真知实行。学问和知识也是如此，必须通过个体的亲身实践，才能说是真正有所知、有所得。王守仁进一步指出：“人须在事上磨炼做工夫，乃有益。若只好静，遇事便乱，终无长进。”[⑤]他主张个体在具体实践当

① 《叶适集·赠薛子长》。
② 《传习录》。
③ 同上。
④ 同上。
⑤ 同上。

中磨炼身心，切实地做工夫，才能真正有益于德性和知识的增长。

明清之际的王夫之指出："知行相资以为用。惟其各有致功，而亦各有其效，故相资以互用，则于其相互，益知其必分矣。同者不相为用，资于异者乃和同而起功，此定理也。"[①]与王守仁不同，王夫之强调，知行尽管相互作用，但知与行两者各有其功用，我们要善于运用知与行各自的功用，使它们共同益于我们工夫修养的进步。在认知过程中，力行、实行是主导的方面："且夫知也者，固以行为功也；行也者，不以知为功者也。行焉，可以行知之效也；知焉，未可以得行之效也。"[②]行为实践虽有益于知识的积累，但我们所习得的知识却不一定对我们的行为实践有助益。有时候，我们的知识有可能会误导我们的行为。因此，知必须落实为行："知者非真知也，力行而后知之真。"[③]我们必须通过自己的身体力行，对所学知识有深切的体会之后，才能算是真正理解掌握了德性和知识。总之，王夫之主张以行为重心的知行合一。

除去知行合一的学理探索，历代儒者还在日常生活中躬行知行合一。据传说，北宋文彦博幼年时，曾准备两个罐子，做了好事就在其中一个罐子中放一粒红豆，做了坏事就在另一个罐子中放一粒黑豆，每天检查红豆和黑豆的数目。

① 《礼记章句》卷三十一。
② 《尚书引义》卷三。
③ 《周易内传》卷十三。

一开始，红豆、黑豆数目差不多；经过一段时间的践行和反省，红豆多于黑豆；又过了一段时间，罐里竟然全是红豆了。正是由于坚持不懈地进行知行合一的修身实践，文彦博终成一代名相。

第二章 儒学伦理论

儒家伦理思想以仁为核心，包含礼义廉耻、孝悌忠信等诸多德目。儒学强调仁义礼智根植于心，人人都有心之所同的理义，扩而充之，可以成就光辉的美德。儒家视家庭为伦理的起点，并推及于社会、国家、天下，乃至整个宇宙。儒家伦理是自律伦理、德性伦理、情感伦理的综合。儒家认为爱有差等，强调情与理的统合、经与权的辩证、普遍性与特殊性的综合，儒家伦理是具体而普遍的伦理。

本章主要阐明包括“四德”和“五伦”在内的儒学伦理思想。“四德”即仁、义、礼、智四种主要的德性，“五伦”即父子、君臣、夫妇、长幼、朋友五种基本的伦理关系。四德和五伦构成了儒学伦理论的主要内容。

一、四德

“四德”指仁、义、礼、智四种基本的德性。历史上，孔子曾提出仁、智、勇“三达德”，董仲舒强调仁、义、礼、智、信“五常”，宋代以来将孝、悌、忠、信、礼、义、廉、耻合称为“八德”，广为百姓所熟悉。在各种德目当中，仁、义、礼、智居于众德之基的地位，谓之“四德”。

“四德”源于孟子的“四端”和《易传》的“乾元四德”。孟子有“四端”之说，即“恻隐之心仁之端也，羞恶之心义之端也，辞让之心礼之端也，是非之心智之端也”[①]，没有这四种道德情感的人不能算作人，实际上就将仁、义、礼、智视作四种核心道德。《周易·乾卦·文言》也说：“元者善之长也，亨者嘉之会也，利者义之和也，贞者事之干也。君子体仁足以长人，嘉会足以合礼，利物足以和义，贞固足以干事。君子行此四德者，故曰乾元亨利贞。”这是说天（或乾元）有四种德性，即元、亨、利、贞，君子效法天道，体现为仁、礼、义、智四种德性。孟子的“四端”和《易传》的“乾元四德”在第一章中都有详细解释，此处不再赘述。

宋代儒者将仁、礼、义、智四德与四季气象结合起来理解，认为仁、义、礼、智分别对应春生、夏长、秋杀、冬藏，如程颢说：“孟子将四端便为四体，仁便是一个木气象，恻隐之心便是一个生物春底气象，羞恶之心便是一个秋底气象，只有一个去就断割底气象，便是义也。推之四端皆然。”[②]进一步将天道与人道联系起来，更加突出了四德的核心地位。

① 《孟子·公孙丑上》。

② 《二程集》卷二下。

（一）仁

在儒学思想体系当中，仁之为德，始终居于最核心的地位。孔子所揭橥的人文精神，就是以仁为核心的。孟子强调性善，所谓“恻隐之心”就是仁的发用；强调行王政，所谓“不忍人之政”也就是仁心的推扩。到了宋代，二程、朱熹等学者更提出了“仁包四德”的观点，认为“义礼智信皆仁也”[①]，即以仁为心之全体。义、礼、智诸德行，莫不以仁为本体和根基，忠、恕、恭、宽、信、敏、惠、勇等具体的德目，莫不是仁的发用和显露。

仁的基本含义是爱人。《论语·颜渊》：“樊迟问仁，子曰爱人。”仁之为德，涵盖了智、勇、信、忠、恭、敬、刚、毅等伦理规范和道德品质，而其发端则在于孝、悌，所以说“孝悌也者，其为仁之本欤”[②]。孝就是爱亲，悌就是敬长，仁德是在父母兄弟等人伦关系中培植的，不能爱亲敬长的人一定不是仁人。仁是天命善性的主要内容，每个人都先天具有实现仁的能力。孔子说：“为仁由己”[③]，“我欲仁，斯仁至矣”[④]，意思是仁德本不外在于人，仁德的获得也无须依傍任何外在的因素，反身求诸己，自然求仁得仁，仁的实现依靠道德主体的自觉。

仁是可以推扩的。孟子说：“人皆有不忍人之心。先

① 《识仁篇》。
② 《论语·学而》。
③ 《论语·颜渊》。
④ 《论语·述而》。

王有不忍人之心，斯有不忍人之政矣。”[①]什么叫不忍人之心呢？齐宣王曾经与孟子有过一段对话。孟子说，自己曾听人说过这样一件事：您坐在大殿上，见人牵过一头牛，准备杀了它取血以祭钟。您不忍心看到这头牛害怕得瑟瑟发抖，于是叫人放了牛，而以羊代替。有人说您是吝啬，我知道这是您仁心的表现，因为君子见到活着的生物，自然不忍心送它去死。您见到了牛而没见到羊，所以您的仁心就用在牛身上。[②]由此可知，不忍之心也就是恻隐之心，也就是本心的仁德。仁德源自天赋的普遍人性，宋代朱熹就将不忍人之心诠释为“天地生物之心”，以突出仁德与至善天道之间的密切关系。仁德是人人具备的，也是可以彼此感通的。唯其如此，仁德可以推扩为仁政。这就为仁政的实施奠定了基础。按照“老吾老，以及人之老；幼吾幼，以及人之幼”[③]的方式，推扩这一天地生物之心，所发出来的礼乐刑政，就一定是最能满足人民生存需要的仁政。宋明儒学更将仁推扩至极致。张载提出“民吾同胞，物吾与也”[④]，程颢提出“仁者浑然与物同体”[⑤]，都是将仁德向外推扩至事事物物。王守仁说：“见孺子之入井，而必有怵惕恻隐之心焉”，“见鸟兽之哀鸣觳觫，而必有不忍之心焉”，“见草木之摧折，而必有悯恤之心焉”，“见瓦石之毁坏，而必有顾惜之心焉”，这就是

---

① 《孟子·公孙丑上》

② 参见《孟子·梁惠王上》。

③ 《孟子·梁惠王上》。

④ 《张载集·西铭》。

⑤ 《二程遗书》卷二上。

仁心与孺子、鸟兽、草木、瓦石为一体，故称之为“天地万物一体之仁”[①]。

仁爱既讲究推扩，又讲究差等。孟子说：“亲亲而仁民，仁民而爱物。”[②]亲亲、仁民与爱物之间，就包括了推扩和等差两层意思。但是，等差之爱不是人为划分出来的，而是对人性人情的实然描述。毕竟就一般人而言，人们对爱的感知和理解，一定是从父母兄弟开始，然后才能渐渐推扩至亲戚、朋友、乡邻乃至陌生人的。怎样才能使仁爱得到充分表达而不逾越等分呢？这就要靠礼的作用。《中庸》讲：“仁者，人也，亲亲为大。义者，宜也，尊贤为大。亲亲之杀，尊贤之等，礼所生也。”同样是亲人，有血缘的亲疏，同样是尊长，也有年爵的高低，为了对此进行区别，于是乎有了礼，对人情进行规范和节制。从这个意义上讲，仁义是礼之所生。如果不讲等差，片面强调博爱、兼爱，实际上是将父母和旁人等同起来。毕竟人是有限的人，不可能将自身仁爱推至一切人。历史上固然有很多爱他人胜过爱父母妻子的例证，但毕竟不是人之常情，因而也不应该作为道德标准来要求一般人。对于常人而言，承认等差之爱，在爱父母妻子的基础上尽力推扩本心之仁，是更为合适的。

仁是一种极高的道德境界。“仁者不忧”[③]“仁者安

① 《大学问》，载《王阳明全集》卷二十六。

② 《孟子·尽心上》。

③ 《论语·子罕》。

仁”[①]“仁者寿”[②]，讲的都是仁者能够通过内在的道德修养，达到内心的自在、和谐、快乐。仁者还具有自强不息和厚德载物的德行。《周易·系辞上》说：“天行健，君子以自强不息。地势坤，君子以厚德载物。”仁者取法天地乾坤，于是能具有“知其不可而为之”[③]的担当意识和“不知老之将至”[④]的进取精神。仁者因其慈爱而具有一种温和的气质，所以人们常用“君子如玉”来形容仁者。但仁者的温润气质又总是和威严庄重统一在一起，所谓“君子有三变：望之俨然，即之也温，听其言也厉”[⑤]。正因为仁德是极高的道德境界，所以孔子不轻易许人以仁。他称赞微子、箕子、比干为“殷有三仁”[⑥]，但不肯接受弟子圣、仁的赞美，谦称自己不过是“为之不厌，诲人不倦”[⑦]。除评价颜回达到了“三月不违仁”[⑧]的境界以外，对于其他弟子如子路、冉求、公西赤等，孔子都不以仁来评价他们。尽管如此，孔子总是以仁的道德境界引导人、鼓励人。他说：“志士仁人，无求生以害仁，有杀身以成仁。”[⑨]生命应该以仁为最高追求。又说：“君子无终食之间违仁，造次必于是，颠沛必于是。”[⑩]

---

① 《论语·里仁》。
② 《论语·雍也》。
③ 《论语·宪问》。
④ 《论语·述而》。
⑤ 《论语·子张》。
⑥ 《论语·微子》。
⑦ 《论语·述而》。
⑧ 《论语·雍也》。
⑨ 《论语·卫灵公》。
⑩ 《论语·里仁》。

无论贫富寿夭，都不应该违背仁德，放弃对仁的追求。

通过忠恕之道可以实现仁德。孔子说“吾道一以贯之”，弟子将其解释为“忠恕而已”[①]。尽己之谓忠，君子内在的仁心充实洋溢，推扩这一仁心，发为嘉言善行，表现为“己欲立则立人，己欲达则达人”[②]。能推之谓恕，君子从内在的仁心出发，不将自己所厌恶的东西加于人，表现为“己所不欲，勿施于人”[③]。忠、恕是行仁的具体下手处，通过忠恕之道，我们可以避免自我中心主义，更好地体贴他人、尊重他人。因此，儒家的恕道也被当作黄金伦理规律，写进了《走向全球伦理宣言》，成为现代全球伦理的共识。要在更大的范围内实现仁，则需要以“克己复礼”为途径。克治自己的私欲，视听言动无不合于礼制，以此感化影响他人，可以实现“天下归仁”[④]。

（二）义

“义”往往和“仁”并举。汉代刘歆指出，儒家学者的一个鲜明特征，就是“游文于六经之中，留意于仁义之际”[⑤]。因此，义之为德，在儒家思想体系中，同样居于核心位置。

“义”是道义，指超越一切现实利益的价值。这一点通

① 《论语·里仁》。
② 《论语·雍也》。
③ 《论语·卫灵公》。
④ 《论语·颜渊》。
⑤ 《汉书·艺文志》。

过儒家特别重视的“义利之辨”得以显现。孔子说：“富与贵是人之所欲也，不以其道得之，不处也。”[①]又说：“不义而富且贵，于我如浮云。”[②]在孔子看来，道义比富贵更重要，当两者相互冲突时，应当舍富贵而取道义。《大学》则强调“国不以利为利，以义为利”，认为只有道义才是国家大利之所在，是值得追寻的最高价值，舍此之外别无所谓的利益。孟子说：“行一不义，杀一不辜，而得天下，皆不为也。”[③]即使是天下权势，在道义面前也是次要的，道义具有超越这些现实事物的绝对价值。义德赋予了人以尊严。孔子说“君子义以为上”[④]“君子义以为质”[⑤]，将义德视作君子最重要的德行之一。在一定情形下，道义的价值甚至还在生命之上。曾子认为，包括乞丐在内的任何人都有尊严，绝不能接受“嗟来之食”这种侮辱性的施舍。[⑥]孟子认为，君子不可以“货取”[⑦]，即不能被收买，强调“舍生取义”[⑧]。重义轻利、先义后利是儒家的一贯宗旨。董仲舒说：“夫仁人者，正其谊不谋其利，明其道不计其功。”[⑨]这里的“谊”字通“义”字。需要说明的是，义高于利绝不意味着完全否定利，相反，儒家是承认正当的利的。孟子说“周于利者，凶

① 《论语·里仁》。
② 《论语·述而》。
③ 《孟子·公孙丑上》。
④ 《论语·阳货》。
⑤ 《论语·卫灵公》。
⑥ 参见《礼记·檀弓下》。
⑦ 《孟子·公孙丑下》。
⑧ 《孟子·告子上》。
⑨ 《汉书·董仲舒列传》。

年不能杀”[①]，认为统治者谋利周到，聚积丰厚，百姓遇到凶年也可以免于死亡。由此可知，义利之辨“并不显示一种对立性、化约性的价值观，而是显示一种层级性的价值观。此种价值层级不但涉及人格发展，而且涉及公共政策”[②]。关键在于，义和利之间的层级和次序不能颠倒。

义还有适宜、恰当的意思，是普遍的正当性原则。孔子曰：“君子之于天下也，无适也，无莫也，义之与比。”[③]君子对于天底下的事，不刻意强求，也不无故反对，一切按照道义行事。道义是一种表示“应该”的道德准则和规范。孟子曰：“仁，人之安宅也；义，人之正路也。”[④]又说：“居仁由义，大人之事备矣。”[⑤]仁是人最好的居所，而义是正当而普遍的大道。能够以仁为居所，以义为道路，这样的人一定是个君子、大丈夫啊！义的大道是人人都可以走的。孟子说：“心之所同然者何也？谓理也，义也。圣人先得我心之所同然耳。”[⑥]人拥有同样的本心，是道义作为普遍的正当性原则的前提。正因为义的正当性，人们常将代表人民利益的军队称为义师，将以正义为目的的战争称为义战。义的普遍性也蕴含着公共性，人们常将具有公共福利性质的粮仓、田地、学校，分别称为义仓、义田、义学。

---

① 《孟子·尽心下》。

② 沈清松：《义利再辨——价值层级的现代诠释》，载《中国人的价值观——人文学观点》，台北：桂冠图书股份有限公司1994年版，第300页。

③ 《论语·里仁》。

④ 《孟子·离娄上》。

⑤ 《孟子·尽心上》。

⑥ 《孟子·告子上》。

义是一种具有强烈阳刚性质的道德情感。孟子说："羞恶之心，义也。"又说："故理义之悦我心，犹刍豢之悦我口。"[①]义德不只是外在的约束和规范，也表现为羞恶、愉悦的情感活动，因而是内在的道德情感之需要。而且义常与勇联系在一起，如孔子所说："见义不为，无勇也。"[②]坚持道义需要勇气，不能坚持道义，显然是勇气不足的表现。道义本身也能赋予人以勇气，如孟子所说："义之所在，虽千万人，吾往矣。"[③]孟子集义而养浩然之气，提炼出"大丈夫"人格，这种人格最终成为中华民族的精神象征。面对世人以公孙衍、张仪为大丈夫的情形，孟子斥之为妾妇之道，并为义正名："居天下之广居，立天下之正位，行天下之大道。得志，与民由之；不得志，独行其道。富贵不能淫，贫贱不能移，威武不能屈，此之谓大丈夫。"[④]面对权势，孟子认为我们应当不卑不亢："说大人，则藐之，勿视其巍巍然。……在彼者，皆我所不为也；在我者，皆古之制也。吾何畏彼哉！"[⑤]孟子提出，天下有爵位、年龄、德行三种值得尊敬的东西，而对于天下万民而言，德行才是最宝贵、最值得尊敬的，相比之下，权位的分量就轻多了。[⑥]以德抗位，道尊于势，是在儒家文化影响下中华民族最宝贵的文化传统。孟子提出的大丈夫人格，滋养了华夏无数

---

① 《孟子·告子上》。

② 《论语·为政》。

③ 《孟子·公孙丑上》。

④ 《孟子·滕文公下》。

⑤ 《孟子·尽心下》。

⑥ 参见《孟子·公孙丑下》。

仁人志士，文天祥、于谦就是其中的杰出代表。当临大变或面对强权时，他们以道义为原则，持守气节，不为时势所移，以至于抛头颅、洒热血亦不足惜，谱写了中华民族可歌可泣的伟大历史。所以冯友兰曾高度评价“浩然正气”所凝结的人格形象，他说：“懂得了这个词汇，才可以懂得中国文化与中华民族的精神。”①

作为普遍正当性原则，义往往和时势等现实因素发生冲突，由此产生了儒家的义命观。命是一种人力无法改变的客观限制。孔子讲：“不知命，无以为君子也。”②不考虑客观条件，仅凭主观任意妄为，这不是君子应有的举动。但是，人也不能仅仅顺命应命，消极地为客观限制所约束，而是应当尽义以立命。孟子说：“孔子进以礼，退以义，得之不得曰‘有命’。”③又说：“夭寿不贰，修身以俟之，所以立命也。”④君子修身以俟命，就是以义为目标追求，积极培育德行、创造条件，等待合适的时机，以求实现内圣外王的理想。故孟子说：“求则得之，舍则失之，是求有益于得也，求在我者也。求之有道，得之有命，是求无益于得也，求在外者也。”⑤道义绝不外在于人，是否能深切地了解道义，其权完全在我自己，是人力可以求致的；时也命也之类的遭遇，则不是个体所能完全掌握和改变的。有道的君子在人能够做

① 冯友兰：《中国哲学史新编》（上），人民出版社2007年版，第283页。

② 《论语·尧曰》。

③ 《孟子·万章上》。

④ 《孟子·尽心上》。

⑤ 同上。

主的道德世界里应该积极有为，而在面对各种遭遇时应该泰然处之。

（三）礼

在中国历史上，礼是一个包含极广的概念，大到国家祭祀、军队出征、赈灾救荒、养老恤孤，小到个人的婚丧嫁娶、侍老奉亲，无不在礼的规定范围内。从广义上讲，礼是社会生活规范和道德行为规范，包括吉、凶、宾、嘉、军“五礼”，具有伦理、政治、法律、宗教、典章制度等多重含义，是中国传统社会一切社会秩序和风俗行为的总称。《中庸》称道说“礼仪三百，威仪三千”，讲的就是礼的复杂性、权威性。此处讲的礼，主要是伦理意义上的礼。

在伦理意义上，礼是人类区别于禽兽的标志。《礼记·曲礼》说：“鹦鹉能言，不离飞鸟。猩猩能言，不离禽兽。今人而无礼，虽能言，不亦禽兽之心乎？夫唯禽兽无礼，故父子聚麀。是故圣人作，为礼以教人，知自别于禽兽。”现代科学证明，许多禽兽都能通过声音传递有关食物、天敌的信息，鹦鹉等动物甚至能惟妙惟肖地模仿人类的语言。能否使用语言，并非人与禽兽的区别之所在。人禽的根本区别究竟在哪里呢？就在于礼。禽兽既不知道礼仪，也不能制作礼仪，更谈不上遵循礼仪，所以会有“父子聚麀”亦即共用性配偶的现象。而人可以发展出婚姻嫁娶之礼，对婚姻进行规范。所以说，“凡人之所以为人者，礼义也”[①]。

礼是仁义的外化与落实。孔门弟子子夏曾举出《诗》中“巧笑倩兮，美目盼兮，素以为绚兮”一句，请教老师。孔子回答说，这是先有白底子，然后才能施以五彩。子夏立即领会了意思，反问道：“所以说礼就像纹饰，必须以仁义忠信为前提吗？”孔子非常高兴，说：“启发我的人是你啊，今后可以和你讨论《诗》了。”[②]这段对话，清晰地揭示了在儒家思想体系中，礼后于仁义的位置。礼以仁义为本。孟子曰：“仁之实，事亲是也；义之实，从兄是也；智之实，知斯二者弗去是也；礼之实，节文斯二者是也。”[③]仁的本质是爱，爱从侍奉双亲开始；义的本质是敬，敬从尊重兄长开始；智的实质就是知道事亲从兄是人的天职；礼的实质就是知道应当如何事亲从兄。所以说，礼是仁义在具体生活中的落实。礼又是成就仁德的途径。孔子曾说“不学礼，无以立”，又说“克己复礼，天下归仁”，这是将礼视作个体和社会归复仁的必由之路。孟子也说：“夫义，路也；礼，门也。惟君子能由是路，出入是门也。”[④]门与路，都是出入的必经之所，孟子以此比喻礼义的正当性和普遍性。如果礼不以仁义为本，就会丧失其价值。孔子讲：“礼云礼云，玉帛云乎哉？乐云乐云，钟鼓云乎哉？”[⑤]所谓礼乐，讲的难

① 《礼记·冠义》。
② 参见《论语·八佾》。
③ 《孟子·离娄上》。
④ 《孟子·离娄下》。
⑤ 《论语·阳货》。

道只是玉帛、钟鼓等礼器吗？孔子又说：“人而不仁，如礼何？人而不仁，如乐何？”[①]只有以仁为内核，礼乐才具备价值，能够发挥规范教化的作用，否则不就是一个空壳子吗？

礼是外在的伦理规范和道德准则。孔子解释克己复礼时，就说要“非礼勿视，非礼勿听，非礼勿言，非礼勿动”，表明礼具有规范视听言动的作用，并且这种作用能够培育仁德。如果没有礼的规范和节制，即使是善良的愿望和朴素的道德，也会走向自身的反面。孔子说：“恭而无礼则劳，慎而无礼则葸，勇而无礼则乱，直而无礼则绞。”[②]注重容貌的端庄而不知礼仪，不免于劳倦；慎重而不知礼仪，就流于畏畏缩缩；有勇气有胆量，没有礼的节制，就会盲目闯祸；心直口快，没有礼的节制，就会显得粗鲁急切。礼通过调节言行，使我们表现得不卑不亢、不骄不躁、宽舒从容，可以营造出和谐的社会人际关系。礼是一种对等的人际原则。“礼尚往来，往而不来，非礼也，来而不往，亦非礼也”[③]，意思是礼是交互的，人以恭敬对我，我也必以恭敬对人，只要求别人对自己恭敬，自己却不能恭敬待人，是违背礼尚往来的原则的。

礼以恭敬的道德情感为内涵。孔门弟子子游曾经向老师请教孝，孔子说，现在所谓的孝顺，只是能赡养老人。即使是犬马，都会得到饲养。不知道敬重，又有什么区别呢？[④]这说明事亲的要义在于敬，敬于是乎成为礼不可或缺的道德

---

① 《论语·八佾》。
② 《论语·泰伯》。
③ 《礼记·曲礼上》。
④ 《论语·为政》。

情感。孟子说“辞让之心，礼之端也”，又说“恭敬之心，礼也”，辞让相当于外在的言行，恭敬相当于内在的情绪体验，两者互相配合，恰好说明了礼以恭敬为基本道德情感。如果没有恭敬之心，徒有礼的形式，这样的礼似有实无。孟子说：“恭敬者，币之未将者也。恭敬而无实，君子不可虚拘。”[①]币帛是祭祀天地神祇、礼聘贤者时所用的物品，还没有拿起币帛之前，必须先有恭敬之心；以为拿起玉帛就算是恭敬，君子并不以为这是真正的恭敬。总而言之，不以仁义为本，不以恭敬为先，礼就有可能流于形式。

礼必须符合情理。就礼的产生来说，“礼者，因人之情，缘义之理，而为之节文也”[②]，礼是从人情、义理中发展出来的，并固定为外在的规范和形式。在不违背情理的前提下，礼应该根据时代因革损益。孔子曰：“麻冕，礼也；今也纯，俭，吾从众。拜下，礼也；今拜乎上，泰也，虽违众吾从下。”[③]制作礼帽的材料与生产水平相关，到了春秋时期，丝料比麻料更容易获得。根据这一情形，孔子赞成将礼帽改用丝料制作。君臣相见，在朝堂之下行礼，到朝堂之上再次行礼，是古礼的传统。到春秋时简化为仅在朝堂上行礼。礼节简化了，君臣之间也显得简慢了。根据这一理义，孔子宁愿与众人相违背，主张恢复堂下行礼的制度。只要符合人情之所同、义理之所尚，礼的形式可以随时代而加以变

① 《孟子·尽心上》。
② 《管子·心术上》。
③ 《论语·子罕》。

化，这就叫作“礼时为大”[①]。儒家反对僵化地固守礼条却违背情理的行为。孟子的学生设计了一个两难场景来请教老师：礼法规定，男女授受不亲，嫂嫂掉进水里，小叔子能伸手去救吗？孟子的回答是：“嫂溺不援，是豺狼也；男女授受不亲，礼也；嫂溺，援之以手者，权也。”[②]礼有常则，这叫经；事有轻重，这叫权。礼的经权之辨，显示出在仁心良知、人情义理的范围内，礼具有自我调节的能力。

礼具有社会教化功能。古代常常礼乐并称。“乐也者，和之不可变者也；礼也者，理之不可易者也。乐合同，礼别异，礼乐之统，管乎人心矣。”[③]礼具有区别的作用，使人知道尊卑高下、亲疏远近；乐则具有协和的作用，能够融洽关系。礼乐各有自身的社会功用，却又相互配合，从而实现社会教化。礼的社会教化功能，体现在老百姓的常礼如冠、婚、丧、祭中，这一点将在第三章中详细论述。

（四）智

在前文中，伴随着仁、义、礼三德，智已经出现了不止一次。这反映了智德与其他三德之间的密切关系。从字面上讲，智就是智慧，与理性和认知有关。如果进一步思考，那么，为什么智具有道德意涵，与仁、义、礼并列而成为儒家

① 《礼记·礼器》。
② 《孟子·离娄上》。
③ 《荀子·乐论》。

核心的概念之一呢？

在儒家看来，智是天赋的道德认知判断能力。前文曾引孟子的话说："智之实，知斯二者（仁义）弗去是也。"天命天道赋予了人以善性，包括仁、义、礼、智四者，其中智的功能就在于能够认识到善性是人的本性。正是以这一认知为前提，人心才可以通过尽心、知性、知天的路径，回复天命善性。智还是道德判断。孔子说："里仁为美。择不处仁，焉得知？"[①]亲近仁人是最好不过的事，如何区分仁者和不仁者，并选择仁者与之相处，就要通过智来进行判断。孟子也说："是非之心，智之端也。"人心可以判别是非，知道什么是对的，什么是错的，这也是智德的道德判断功能。就道德认知判断而言，智实际上就是良知。孟子说："人之所不学而能者，其良能也；所不虑而知者，其良知也。"[②]智的认知判断功能，不需要通过后天的学习而获得，也不是经过长期的思考而产生的，是人心本来就具有的。智即是良知，良知即是智，智既是道德判断能力，也是道德的本源，其实质就是仁与义。

智引领人们的道德行为。道德认知判断是前提，道德行为是具体落实。王守仁说："知善知恶是良知，为善去恶是格物。"[③]用智进行知善知恶的认知判断，明白了善恶的区别，才能开展为善去恶的道德实践。假如离开了智，就无法形成对仁、义、礼的理解，道德行为也就无从谈起。孔门弟子樊迟向老师请教智的问题，孔子以"知人"来回答。樊迟

① 《论语·里仁》。
② 《孟子·尽心上》。
③ 《年谱》，载《王阳明全集》。

不明白，孔子说：“举直错诸枉，能使枉者直。”[①]知人的道德认知判断，不能仅仅停留在认识层面，还要发展为具体的行为，将正直的人推荐提拔上来，才是知人的全部含义。孟子说：“为政不因先王之道，可谓智乎？”[②]智形成对先王之道的认知判断，并以此为基础，要求现实政治必须以先王之道为准则。知而不能行，同样说不上是智。由此可知，智是知行合一的，包括道德认知判断和道德行为两个方面的内容。

智是一种极高的道德境界。“知周乎万物，而道济天下，故不过。”[③]人可以认识宇宙万物背后的大道，进而参赞化育、裁成辅相万事万物，从而达到不违中道的境界。知的极致就是知命，也就是懂得天命天道。孔子自述为学经历说“五十而知天命”，也就是知道天地根本大道。将智推扩到极致，就是一种极高的道德境界。子曰：“知者乐水，仁者乐山；知者动，仁者静；知者乐，仁者寿。”[④]孔子以水喻智，水的流动不止，恰恰象征着智慧的变易周知，曲折无不到。《论语·子罕》里说：“知者不惑，仁者不忧，勇者不惧。”智者的快乐不同于耳目之娱，他因为穷极天地之理而没有困惑，所以能长久地处于快乐之中。

前面所讲的智，在最深的根源处总是与仁保持一致的，这种智即是良知，即是仁，即是道德。但在现实生活中，仁和智也存在着不一致的地方。孔子说：“知及之，仁不能守

① 《论语·颜渊》。
② 《孟子·离娄上》。
③ 《周易·系辞上》。
④ 《论语·雍也》。

之，虽得之，必失之。”[①]这说明智者并不一定是仁者，仁、智之间存在着张力。智绝不能离开仁的价值，否则就会与道德发生背离。孟子说：“所恶于智者，为其凿也；如智者若禹之行水也，则无恶于智矣，禹之行水也，行其所无事也；如智者亦行其所无事，则智亦大矣。”[②]行其所无事，也就是非功利的、没有私心的。现实生活中，有人出于功利的目的，违背自己的良知，卖弄自己的聪明，这种智不仅不能发明仁，反而足以害人。

总之，智之为德，就本源上说，与仁、义、礼一样源自人性，是天赋的道德认知判断能力。离开了智，人便不能认知仁、义、礼，也无法形成任何道德判断，进而生发出道德行为。另一方面，智也不能离开仁，离开仁的智仅仅是工具理性，极容易被功利私欲牵引而步入道德的歧途。所以说，仁不离智，智不离仁。

（五）中庸之德

仁、义、礼、智四德，构成儒家伦理思想的核心和基石。其他一切具体的德目，如忠、诚、公、廉、温、良、恭、俭、让、宽、信、敏、惠等，都是四德在一定情境中的具化与落实。四德当中，又以仁为本，义、礼、智是仁的发用，与仁配合而产生作用。四者之间，构成一个有层次、有关联的整体。

① 《论语·卫灵公》。
② 《孟子·离娄下》。

儒家将道德极高的人称为圣人。圣人就是能够完全保有和充分体现仁、义、礼、智四德的人。《中庸》说："唯天下至圣，为能聪明睿知，足以有临也；宽裕温柔，足以有容也；发强刚毅，足以有执也；齐庄中正，足以有敬也；文理密察，足以有别也。"其中"聪明睿知""宽裕温柔""发强刚毅""齐庄中正""文理密察"就是智、仁、义、礼的具体显现。至圣之人能兼具以上诸德，达到中庸的道德境界。所以，在介绍完四德之后，我们来谈谈中庸之德。

一般人将中庸仅仅理解为折中调和的处世之道，这种理解仅仅道出了中庸之德的一个侧面。"中庸之为德也，其至矣乎！"[①]在儒学思想体系中，中庸是最高的道德境界。中庸的"中"字，指不偏不倚、无过无不及，也就是中节、合乎道理。孔子说："过犹不及。"[②]为人做事，过了头和赶不上一样，都存在问题，一旦在空间和时间中延伸开来，就会积弊丛生。中道则没有弊病。《中庸》评价古代圣王舜说："执其两端，用其中于民，其斯以为舜乎！"舜能够不偏不倚，以中道来治理民众，于是能得到民众爱戴，人们尊称他为"大舜"。他的事迹说明，只有做到守中、持中、用中，才能彰显宇宙天地的大道，从而实现可大可久。这里的"可大可久"，表达了"庸"的意涵。东汉郑玄说："庸，常也，用中为常，道也。"[③]"庸"的意思就是常，因为能够用中得中、无过不

① 《论语·雍也》。

② 《论语·先进》。

③ （汉）郑玄注，（唐）孔颖达疏：《礼记正义》，载《十三经注疏》整理本，第1664页。

及，所以是恒常的大道，这一常道是放诸四海而皆准的，也是历久而弥新的。

中庸之道的本质是“时中”。“君子之中庸也，君子而时中”[①]，“时”泛指一切条件和变化，“时中”就是随时而中、无时不中。君子把握时空条件的变化，提出最切要害的中道。不能知时，也就不能得中。孟子称赞孔子为“圣之时者”。他说，孔子离开齐国的时候，走得很快；离开鲁国的时候，走得很慢。因为鲁国是他的父母之邦，慢慢走才是离开祖国的做法。能短暂就短暂，能长久就长久，能退处就退处，能做官就做官，这就是孔子啊！[②]孔子的德性已经达到了四德兼具的中庸境界，故能够顺时而动，见机而作，泛应曲当，一动一静，都与礼法相合。

中庸之道以“执两用中”为方法，将无过不及当作处理一切事务的原则与方法。有道君子出于公心，居中调和各种矛盾，寻找到各方皆可接受的中间道路，这就叫作行中庸之道。下面这个例子或许有助于我们理解中庸之道。1946年12月，联合国委托时任联合国人权委员会主席艾琳娜·罗斯福（当时的美国总统罗斯福夫人）组织起草《世界人权宣言》。张彭春博士作为人权委员会副主席，在起草工作中起到了至关重要的作用。当时人权委员会成员一共有18位代表，他们拥有不同的文化理念、历史背景和宗教观念，也分别代表了18个国家和政府各自的利益。宣言的起草始终伴随着巨大的内部分歧。张彭

① 《中庸》。
② 参见《孟子·万章下》。

春提出，我们不应该使一个保护和尊重全人类基本人权和自由的宣言所反映的观念过于狭窄，宣言既应该反映托马斯·阿奎那（中世纪神学家）的思想，也应反映出孔子的思想。在他的折冲樽俎下，宣言的起草成功地避免了神学和哲学的争论，引入了儒学“良心”“天下大同”“己所不欲勿施于人”等观念，催生出自由、平等、博爱的人权价值。1948年12月，联合国大会通过了《世界人权宣言》。这是人类历史上首份由国际社会成员共同起草的、旨在保护全世界人民权利和自由的文献。可以说，张彭春正是运用了中庸智慧，才协调了各方争端，促成了《世界人权宣言》的诞生。

需要注意的是，有人将中庸之道理解为没有原则、左右逢源，这显然是对中庸极大的误解。孔子曾严厉批评这种老好人说：“乡愿，德之贼也。”[①]什么是“乡愿”呢？孟子解释说，对于这种人，指责他却似乎举不出缺点，责骂他却似乎找不到理由；这种人擅长谄媚世人，事事讨好，同流合污；为人似乎忠诚守信，处事似乎方正廉洁，世人都喜欢他，他也自以为是；但是这种人并不懂得尧舜之道，没有真正的道德。他们就像稻田里的稗草，混淆着道德的是非。[②]中庸之道是以真正的道德为原则的，没有道德原则而空谈中庸之道，这种人就是乡愿小人。真正的道德，也就是仁、义、礼、智“四德”，它构成了中庸之道的内在原则。

① 《论语·阳货》。

② 参见《孟子·尽心下》。

二、五伦

“五伦”即五种基本的人伦关系及其伦理原则。儒家认为，父子、君臣、夫妇、兄弟、朋友是人类社会的基本人际关系，如《中庸》所说：“君臣也，父子也，夫妇也，昆弟也，朋友之交也，五者天下之达道。”人与动物不同，人类社群有人与人的基本关系、秩序及其背后的道德价值。人们在最基本的亲属关系与社会关系中修身成德。这些基本的伦理关系中，有相应的伦理准则，具体来说就是“父子有亲，君臣有义，夫妇有别，长幼有序，朋友有信”[①]。

“四德”和“五伦”之间有着密切的联系。“四德”指人的道德原则。“五伦”是人的社会关系、社会角色的道德价值，而“四德”贯彻、实现在“五伦”之中，人们通过“五伦”关系的实践，可以培养“四德”。两者之间的区别是：首先，“五伦”关系是相对的、外在的、实然的、现实的状况，人的伦理角色之间还有交叉（如一个特定的人可以同时是人臣、人父、人子），“五常”“八德”则是天赋的、普遍的、超越而内在的、人的应然的理想的状况。其次，“五伦”关系是他在的、被规定的，“五常”“八德”却是自我命令的、自律的。再次，“五伦”重在强调伦理关系的和谐，“五常”“八德”强调的却是其中的理念。这些准则是仁、义、礼、智四德在人伦关系中的展开和落实，因而也以天、天道、天命为终极依据。

① 《孟子·滕文公上》。

（一）父子有亲

在儒家看来，家庭是伦理的基础。以血缘、宗法、社会为背景，儒家将父子一伦置于五伦之首，却并不独指父亲与儿子之间的人伦关系，而是包括了父母子女在内。过去人们常说父母子女之间是“天伦”，意思是任何人都无法选择父母。家庭是人生最初的学校，亲情是每个人最终的精神港湾。在骨肉至亲之间，有着最亲近的关系、最深刻的情感、最无私的爱，是王守仁所说的良知“最真切笃厚、不容蔽昧处”①。父母子女之间的伦理情感，是生命与生活的切实体验。有了这一体验，慢慢由内而外，由己及人及物，“老吾老以及人之老，幼吾幼以及人之幼”，“亲亲而仁民，仁民而爱物”，就是将仁爱之心推广、扩充的过程。

父母子女伦常关系背后的道德价值，主要是仁、慈、孝。《礼记·礼运》举出了人伦关系的“十义”，开始两义就是“父慈”“子孝”。父母有责任与义务养育子女，子女有责任与义务赡养父母。父母慈爱、子女孝敬，是天经地义的。

父母一方对子女要慈爱。父母的慈爱体现在生养子女上。父母赋予了子女以生命，这是天地间莫大的恩情。《诗经·小雅·蓼莪》云：“父兮生我，母兮鞠我。拊我畜我，长我育我。顾我复我，出入腹我。欲报之德，昊天罔极。”意思是父亲生了我，母亲养了我，他们抚爱培育了我，进出

① 《王阳明全集》卷二。

抱着我，他们的恩德像上天一样广大，怎么报答得了呢？民间歌谣也说，“万爱千恩百苦，疼我孰知父母”[1]，道出了父母生养子女的辛勤劬苦。父母的慈爱还体现在教育子女上。儒家认为，只知生养而不知教育，这样的父母是不称职的。孔子说：“爱之，能勿劳乎？忠焉，能勿诲乎？”[2]父母放任自己的私情，对子女过分溺爱，不能教导子女自立立人，这是违背生养、教育子女的天职的。家庭是人生第一所学校，父母的言传身教，影响子女至深至远。“父者，矩也，以法度教子”[3]，父母就是子女的榜样，子女在父母身上学习到如何侍奉老人、待人接物。在生养教育子女的过程中，父母往往会有角色分工，母亲负责子女的生养，父亲负责子女的教育。生养主于慈爱，教育则要严格，“因严以教敬，因亲以教爱”[4]，从而形成了“严父慈母”的格局。当然，这是就一般情形而言，并不意味着父不能慈、母不能严。如北宋大儒程颐曾回忆母亲对自己的教导说：“夫人男子六人，所存惟二，其爱慈可谓至矣，然于教之之道不少假也。才数岁，行而或踣，家人走前扶抱，恐其惊啼。夫人未尝不呵责曰：‘汝若安徐，宁至踣乎？’饮食常置之坐侧，尝食絮羹，皆叱止之，曰：‘幼求称欲，长当何如？’虽使令辈，不得以恶言骂之。故颐兄弟平生于饮食衣服无所择，不能恶言骂人，非性然

① （明）吕得胜、吕坤：《小儿语》。
② 《论语·宪问》。
③ 《白虎通义·三纲六纪》。
④ 《孝经》。

也，教之使然也。”[①]程颐的母亲对子女爱而不溺，子女也就杜绝了奢侈、任性、好逸恶劳的恶习。直至今日，程母仍是家庭教育的典范。至于有人幼年失怙，母代父职或父代母职的情形，在历史上就更多了。唯其有教育子女的天职，父母必须立身要正。孔子说“父父子子”[②]，意思是父母要有父母的样子，子女要有子女的样子。父母自己立身不正，子女不免效仿，又怎能培养出高尚能干的儿女呢？以上是儒家对父母提出的家庭伦理要求。

就子女一方来说，对父母应孝。孝是子女对父母的依恋、对生养教育之恩的自然响应，是良知良能的自然发露，乃至一切道德的源泉。《孝经》里说：“夫孝，德之本也，教之所由生也。”[③]民间谚语也说：“百行孝为先。”这些都显著突出了孝德在伦理次序中的优先地位。第一层次的孝，是能够事亲。“孝子之事亲也，居则致其敬，养则致其乐，病则致其忧，丧则致其哀，祭则致其严，五者备矣，然后能事亲。”[④]这表明事亲包括敬亲、养亲、侍疾、祭祀等内容及其对应的准则。对常人而言，事亲首先是能够养亲即赡养父母。如何养亲呢？“用天之道，分地之利，谨身节用，以养父母”[⑤]，通过耕耘稼穑，收获物产，自己吃用节省，而以丰饶的衣食来奉养父母。养亲还要做到“晨昏定省”“夏凉

① 《河南程氏文集》卷十二。

② 《论语·颜渊》。

③ 《孝经》。

④ 同上。

⑤ 同上。

冬温”，意思是早晚都要到父母房外请安，季节变化前要早早地为父母准备好应季的衣服。奉养父母，使其衣食无缺，这就是孝的初步体现。真正的孝还要有内在的敬意，这就是常说的孝敬。孔子曰：“今之孝者，是谓能养；至于犬马，皆能有养，不敬，何以别乎？”[①]没有敬意，养父母和养牛马也就没有什么区别，所以说孝必有敬，离敬无孝。内心的敬爱反映在形容言辞上，“孝子之有深爱者，必有和气；有和气者，必有愉色；有愉色者，必有婉容”[②]。子女的孝敬之情，积于中而形于外，表达为和易的容颜、欢愉的面色，不会因长期侍奉父母而有愁容和怨言。这样父母才会安心，家庭才会和谐。侍疾也是孝的重要内容。历史上，父母有疾，子女将自己的床安放在父母堂下，衣不解带，亲奉汤药，取消一切娱乐，这样的事例不胜枚举。在父母丧祭的问题上，孝是遵守礼制。孟懿子问孔子什么是孝，孔子回答说：“无违。”并进而解释说：“生，事之以礼；死，葬之以礼，祭之以礼。”[③]“子生三年，然后免于父母之怀”[④]，人生最初的三年，多半是在父母怀抱中度过的。按照报本反始的孝道观念，儒家规定了详细的丧礼和祭礼仪式，以回报父母。如父亲丧亡，按礼制规定，儿子和未出嫁的女儿要服“斩衰三年”，即用极粗的生麻布制作丧服，不缝不绞，为父亲服丧三个年头。已出嫁的女儿也要服“齐衰不杖期”，即为父母

① 《论语·为政》。
② 《礼记·祭义》。
③ 《论语·为政》。
④ 《论语·阳货》。

服次一等的丧服，不用丧杖满一年。丧礼中还有“受服”的规定，是指随着哀思逐渐递减，相应的丧服也逐渐减等，从而过渡到正常的生活。祭礼是以亡故的祖宗、父母为对象而定期举行的祭祀，包括春夏秋冬四时祭、祭初祖、祭先祖、祭祢、忌日祭、墓祭等。这些祭祀仪轨，在现代社会中还或多或少地得到了保存。古代丧礼、祭礼非常复杂，这里略举其要，以说明事亲以礼是孝的第一要义。

更高层次的孝，是顺承父母的志向。前面提到的“无违”，不仅仅指不违背礼制，还指不违背父母的志愿。孔子说：“三年无改于父之道，可谓孝矣。”[①]父母逝世后，继承他们的善志，长时间不改变，这就叫作孝。孝中包含了顺，所以称为孝顺。孔门弟子有子说：“其为人也孝弟，而好犯上者，鲜矣；不好犯上，而好作乱者，未之有也。”[②]遵循礼制的要求，充满内在的敬意，以此孝顺父母，这样的人自然不会故意打破既定的合理秩序。《中庸》也说：“夫孝者，善继人之志，善述人之事者也。”唯有善继善述，人类知识和道德才得以代代相继，文化生命才得以绵延不绝。俗语说，“国之良民，即家之孝子”“忠臣必出于孝子之门”，这些话都有一定的道理。但必须指出的是，在现实生活中，父母的命令并不一定完全正确。子女处于这种情形下，又该如何呢？孔子讲：“事父母几谏，见志不从，又敬不违，劳而不怨。”[③]所谓“几谏”，就是婉言劝诫，以情理劝诫。

① 《论语·学而》。
② 同上。
③ 《论语·里仁》。

子女既应该规讽父母的错误，又必须不伤害父母之情。对于父母不当的责罚，子女也可以根据情况来处理。责罚较轻则不加分辩，倘若责罚过重，甚至危及子女性命，子女自然可以逃走。这就叫作“小受大走”。上述行为选择有一个共同的目的，那就是当情、理相冲突时，也要尽可能地维系家庭伦理的情感基础。这就是孟子所说的“父子之间不责善。责善则离，离则不祥莫大焉”①。家庭内部如果只讲道理而不顾及情感，会造成代际关系紧张，造成家庭分崩离析。从这个意义上讲，俗语所说的“天下无不是的父母”就绝非事实陈述，而是基于子女立场的情感表达。

最高层次的孝，是能尊亲、荣亲、显亲。孟武伯问什么是孝，孔子回答说：“父母唯其疾之忧。”②一个人，如果能够使父母不用为自己的德行功业操心，而仅仅为自己可能染上疾病而忧愁，能够做到这一点，也就是孝了。这里的孝有尊亲、显亲的意思。《孝经》也说：“身体发肤受之父母，不敢毁伤，孝之始也。立身行道，扬名于后世以显父母，孝之终也。”③前一句话，是以自然生命的延续为孝。古人相信，身体发肤都是父母精血所成，珍重父母给予的生命并使之不断延续，这是孝的开端。这和孟子说的“不孝有三，无后为大”④是一致的。后一句话，是以文化生命的延续为孝。为人能够以正道来立身处事，努力地创建功业，让后世之人

① 《孟子·离娄上》。
② 《论语·为政》。
③ 《孝经》。
④ 《孟子·离娄上》。

都能记住自己的名字，父母也跟着有光，这是对父母最大的孝。孝道反映的不仅是自然生命的延续，而且是文化生命的延续；不仅是社会伦理的秩序，而且是内在的道德价值。

总之，父子有亲的实质就是父慈子孝，是对父母子女双方的伦理规定。当前，父母子女的伦常关系面临极大的挑战：父母给子女强加了过多功利化的期待，经济利益纠纷裂解着亲情，赡养老人给子女带来了巨大经济压力。在完善社会养老机制和法律保障的前提下，我们还是要提倡父子有亲，以亲情伦理为基础，营建父慈子孝的和谐家庭关系。

（二）君臣有义

五伦的第二伦是君臣关系。中国很早就确立了君主制，周朝在辽阔的国土上建立了诸多小邦，按血缘亲疏关系分封给诸侯。在血缘宗法制背景下，大邦和小邦，大宗和小宗，君主和诸侯、大夫、士、卿、庶人之间的政治关系和伦理关系交织在一起，成为普遍的人伦关系。在此基础上，儒家认为，政治秩序是家庭秩序的扩大，君臣关系是父子关系的模拟，君臣伦理是仅次于家庭伦理的人伦关系。

在起源意义上，君臣就是指君王以及与之共治天下的一群人。儒家认为，上古时期，人类社会处于各亲其亲、各子其子的自然状态。人群中出现了一些有道德、有才干的人，他们被推举为王。这些圣王带领人民开垦耕种，保存火种，洗麻为衣，捏土为器，开辟沟渠，营建宫室，人民从此不虞饥寒。圣王发挥聪明才智，制作礼乐，结绳记事，团结大小部落，社会从此有了秩序。但圣王不能一个人治理天下，他从各个部落中选出许多贤能的人，请他们分别负责祭祀、天象、农耕、水利、军事等事务，于是乎有了君臣关系。上古圣王舜的群臣中，有负责农耕的后稷，有负责水利的鲧、禹父子，他们的事迹流传至今。明儒黄宗羲就用“共曳木之人”[①]即一起拽拉木头的人来比喻君臣关系。在更广泛的意义上，君臣关系还指君王及全体人民的关系。在君王统治范围内，一切人都可视作与君相对的臣，这就是《诗经》中所说的“普天之下，莫非王土，率土之滨，莫非王臣”[②]。但需要指出的是，这句诗只是理想、理念的反映。事实上，在山林、湖泊和边陲以外等许多政治权力管辖不到之处，还有许多隐士，他们并不以自己为臣。由以上所述可以看出，与作为天伦的父子关系有着根本的不同，君臣关系是后天缔结的。君需要臣来使天下得到良好的治理，臣通过君来发挥才干以惠及人民。君臣以共同的治道目标而缔结到一起，这就叫作君臣以义结，义也就成为处理君臣关系的伦理原则。

君臣有义的首要内涵，就是君臣之间是道义关系。道义即天道、道德、正义。如何判断君主的统治是否符合道义呢？那就得看他的统治是否符合先王之道、符合百姓共同的愿望。孟子讲：“欲为君尽君道，欲为臣尽臣道，二者皆法尧舜而已矣。不以舜之所以事尧事君，不敬其君者也；不以

① 《明夷待访录·原臣》。

② 《诗经·小雅·北山》。

尧之所以治民治民，贼其民者也。”[①]尧舜等古圣先王以符合天道的仁心善政来治理国家，是后世君臣共同效法的对象。不能以先王之道来规责君主，这样的臣对君主是不敬的；不能以先王之道来临民治事，反而戕害民众的生命，妨害人民的生活，这样的君主对于天下臣民而言不过是一个残暴的、窃取了高位的贼。贼民者难道还可以叫作君吗？齐宣王曾请教孟子说，商汤流放夏桀，周武讨伐商纣，以臣弑君，难道也是可以的吗？孟子回答说：“贼仁者谓之贼，贼义者谓之残，残贼之人谓之一夫。闻诛一夫纣矣，未闻弑君也。”[②]残暴的君王不以仁爱之心来统治民众，他的举动也常常违背礼义，这样的君王已经丧失了天下共主的资格，君臣关系自然也就不存在了。周武王诛灭的不过是一个离心离德的独夫民贼，哪里谈得上弑君呢！身为殷商贵族的箕子，不堪商纣王的残暴统治逃出了国都，孔子反而称他为仁人。[③]从这个意义上讲，是否保有道义，是君之为君的根本资格。君主丧失了道义，臣是可以离开君王、逼他禅位、武力革命、取而代之的。

对君主一方而言，君臣有义落实为礼。孔子说：“君使臣以礼，臣事君以忠。”[④]君臣之间有相互的伦理义务，君臣之礼很复杂，如周代，天子与邦国诸侯的定期会见，由宾礼来规范，宾礼是五礼之一。宾礼包括六种名目：春季的朝礼；夏季的宗礼；秋季的觐礼；冬季的遇礼；天子讨伐叛

① 《孟子·离娄上》。

② 《孟子·梁惠王下》。

③ 参见《论语·微子》。

④ 《论语·八佾》。

逆的臣子时，其他诸侯觐见的会礼；天子十二年未巡守，四方诸侯齐往京师朝见的同礼。历朝历代天子和大臣们日常相见、出入、揖让、登降、听朝、议事、宴飨等，也莫不有相应的礼节规范，甚至细致到规定穿什么样的衣服、站在什么位置等。君臣之间为什么要规定那么多礼仪呢？有人说是用礼仪突出君尊臣卑，使臣下不生僭越之心。这种理解显得片面。《孟子》中记载了君主召见臣民的礼节：“（招虞人）以皮冠，庶人以旃，士以旂，大夫以旌”[①]。“虞人”就是守山泽苑囿的小官，官阶虽低，君主也必须按照礼制，在礼冠上加上皮冠以召见他。以此类推，召见庶人要用赤色、没有纹饰、曲柄的旗，召见士要用有熊虎纹饰和铃铛的旗，召见大夫要用以牦牛尾或兼五彩羽毛装饰的旗。至于懂得先王之道的君子，君王只能以尊重谦恭的态度，遵循一定的礼节，亲自登门拜其为老师，这叫“以臣为师”；君王绝不能违背礼制，将其召到朝堂上相见，贤能之士也不会接受君王无礼的召见，这样的臣就叫“不召之臣”。《礼记·学记》也说：“是故君之所不臣于其臣者二：当其为尸，则弗臣也；当其为师，则弗臣也。大学之礼，虽诏于天子，无北面，所以尊师也。”当臣在祭祀中担任“尸”（祭祀时代替死者受祭的人）时，君不能以其为臣；当臣教导君王如何治国理政时，君不能以其为臣。当君王拜臣为师，聆听教诲时，君王不能坐在北面的君位上，而应与臣东西方向相对而坐，以表示对老师的尊重。如果君不尊重臣，使臣不以礼，臣该怎么办呢？

① 《孟子·万章下》。

孟子说："君之视臣如手足，则臣视君如腹心；君之视臣如犬马，则臣视君如国人；君之视臣如土芥，则臣视君如寇仇。"[①]君不尊重臣，不使臣以礼，臣当然可以按照礼的对等原则，疏远这样的君主。历史上，君主礼贤下士的佳话极多，如商汤之于伊尹、周文王之于吕望、齐桓公之于管仲、刘备之于诸葛亮，这些故事人们都耳熟能详。由此可知，"君使臣以礼"更是"道尊于势"观念的表达，在一聘一受、往来拜揖之间，反映出君对臣的尊重，也说明理想的君臣关系是极为平等的。

就臣的一方而言，义落实为忠。最大的忠，是以道事君，致君尧舜，即以道义事奉君主，使之达到古圣先王的境界。孔子说："以道事君，不可则止。"[②]孟子说："非尧舜之道，不敢以陈于王前。"[③]这里说的道或尧舜之道，不仅是古圣先王的政治措施，更是具体施为背后的道德和智慧依据。大有为的君王在贤良的臣的帮助下，学习和运用尧舜之道，就能统治整个社会使之臻于盛世。对于君王的过恶，臣要犯颜直谏，这叫作"格君心之非"[④]。孔子说："君子事君，进思尽忠，退思补过，将顺其美，匡救其恶，故上下能相亲。"[⑤]臣通过谏言的方式，使政治举措更为得宜，更符合人民之所欲。臣谏于君，不同于子谏于父。子谏父以"有

① 《孟子·离娄下》。

② 《论语·先进》。

③ 《孟子·公孙丑下》。

④ 《孟子·离娄上》。

⑤ 《孝经》。

隐而无犯”为准则，即不以谏言疏远父子感情；臣谏君则应当“有犯而无隐”[1]，即必须直言不讳。儒家将国有诤臣、家有诤子视作家国最大的幸事。儒家对谏诤之道的重视，和上文提到的“革命论”一样，事实上都起到了限制君王权力的作用。臣的忠，还具化为勤、谨、廉、公、诚、朴、勇等德目。历史上，周公旦握发吐哺，使天下归心的史例，激励着后世的为臣者谨慎小心、勤于王事、廉洁奉公、忠于职守、勇于任事。尤其在国难当头之际，总有忠臣义士站出来，以系天下安危于一身的自觉，亲身实践与天下社稷共存亡的理念，纵使身死，亦不足惜。如闻鸡起舞、枕戈待旦的东晋祖逖，强调“文官不爱钱，武官不惜死”的南宋岳飞，抱负幼帝、投海而死的南宋陆秀夫，坚守孤城、百折不挠的明代史可法，他们书写了中华民族可歌可泣的历史。与之相反，历朝历代违背臣道的人也并不少见。儒家批评那些专以美言迎奉君王、以声色犬马诱导君王的佞臣，抨击那些飞扬跋扈、把持朝政的权臣，反对那些弑君篡位、以下犯上的逆臣。对于这些不遵臣道的人，儒家甚至将其写入历史，以为后世警诫，“孔子成《春秋》而乱臣贼子惧”[2]。

《礼记·礼运》的人伦“十义”中，将君臣伦理关系解释为“君仁”“臣忠”，鼓励君行王道仁政（详见第三章），鼓励臣忠于职守，以道事君。到了现代社会，君臣关系已经解体，但君臣有义的伦理关系仍可转化施用于今天的上下级之

① 《礼记·檀弓上》。

② 《孟子·滕文公下》。

间。现在应建立新的一伦，即同事之伦。以敬业乐群、忠诚度，以及上下级之间的礼法秩序为准则，促进形成现代新型的伦常关系，尤其是健康的同事关系。善处这一伦有助于职业伦理以及乡村、社区、机关、企业、学校、军营伦理文化的建设，体现现代的管理秩序。

（三）夫妇有别

在儒家看来，夫妇关系是人伦的起点，所以又称为“大伦”，即“男女居室，人之大伦也”[①]。夫妇之道为什么是人伦的起点呢？《周易·序卦》说得很明白：“有天地然后有万物，有万物然后有男女，有男女然后有夫妇，有夫妇然后有父子，有父子然后有君臣。”没有夫妇的阴阳和合，自然也就没有父子，没有父子也就没有族群，没有族群也就没有社会、国家。人类社会的父子、君臣、兄弟、朋友等一切人伦关系，都是由夫妇的结合而派生出来的。这就是《中庸》所说的“君子之道，造端乎夫妇”。以此之故，儒家极其重视夫妇的人伦关系，这在古代典籍中有所体现：“《易》基乾坤，《诗》始《关雎》，《书》美釐降，《春秋》讥不亲迎。夫妇之际，人道之大伦也。”[②]《周易》以象征男子的乾卦和象征女子的坤卦为基础，《诗经》将男子寻求配偶的《关雎》列为首篇，《尚书》赞美尧将女儿嫁给舜的史事，《春秋》讥

① 《孟子·万章上》。
② 《史记·外戚世家》。

讽纪侯不按照礼仪亲自迎娶的行为，表明儒家赋予了夫妻大伦以极其重要的地位。

儒家以夫妇有别为夫妻人伦关系的准则。男女有别则是夫妇有别的前提。《礼记·内则》规定："七年，男女不同席，不共食。"男子和女子长到七岁，就不能同席而坐，共桌吃饭。一家之中的成年男女，"非祭非丧，不相授器。其相授，则女受以篚，其无篚则皆坐奠之而后取之"。简而言之，就是《孟子》中所说的"男女授受不亲"。"男女授受不亲"的礼教大防，一度曾被视为桎梏人性的枷锁而遭到猛烈批判。然而从社会学的角度来看，男女大防的礼制确立，实际上却标志着人类文明的极大进步。文明时代以前，人类曾处于杂交乱婚阶段，"父子聚麀"，没有辈分、血缘的禁忌。乱婚不仅导致人口质量的下降，还造成伦常关系的混乱。周代确立了同姓不婚的礼制，"是故圣人作，为礼以教人。使人以有礼，知自别于禽兽"[1]，圣人对异性的结合作出同姓不婚等种种规定，于是乎有了婚姻之礼。"昏姻之礼，所以明男女之别也"[2]，只有行过婚姻之礼的女子，才能成为男人的配偶，对其他的女子，则必须恪守男女之大防。"故昏姻之礼废，则夫妇之道苦，而淫辟之罪多矣"[3]，如果没有男女之防，婚姻家庭没有一定的秩序，男女性情无法得到疏导和节制，父淫其女，子淫其母，人类和禽兽又有什么区别呢？从这个意义上

① 《礼记·曲礼》。
② 《礼记·经解》。
③ 同上。

讲，夫妇有别实际上是指夫妇有礼（“礼别异”），即夫妻关系的缔结、日常相处都有礼的规定。同姓不婚制以及封邦建国制、宗庙祭祀制、嫡长子继承制等，构成了周代礼法的重要内容。

儒家对婚姻之礼极为重视。《仪礼·士昏礼》规定，士人娶妻，要经过纳采、问名、纳吉、纳征、请期、亲迎“六礼”。婚姻之礼体现了夫妻的对等关系。“故天子之与后，犹日之与月，阴之与阳，相须而后成者也。”[①]在儒家看来，阴阳和合，化生了四时万物；男女婚配，产生了子孙繁衍无穷。故而阴阳、夫妻在理论上是对等的。这种对等关系反映在婚姻之礼中，就如《礼记·昏义》所规定的：“（婿）先俟于门外，妇至，婿揖妇以入，共牢而食，合卺而酳，所以合体同尊卑以亲之也。”婿即丈夫。丈夫迎娶妻子，应当在门外等候，妻子临门，丈夫应该作揖行礼，将妻子请入家门，两人行过同食、合卺之礼后，才能成为夫妇。这样的礼仪规定，是为了使夫妻合为一体，尊卑相匹，缔结亲缘关系。汉代的典籍《白虎通义》也说：“妻者，齐也，与夫齐体，自天子下至庶人其义一也。”“妻”与“齐”字音相同，妻的意思就是与丈夫平齐，无论是君王之妻还是平民之妻，都是与丈夫平齐的。故《礼记·昏义》规定，天子立六官，三公九卿，二十七大夫，八十一元士；后立六宫，三夫人、九嫔、二十七世妇，八十一御妻。天子听外治，后听内治，两者的官职设置是完全对等的。婚姻之礼还是社会伦理价值

① 《礼记·昏义》。

的体现。儒家没有将男女婚姻仅仅视作两个人的事，而是在更广泛的社会网络中，赋予其伦理的意义。《礼记·昏义》说："昏礼者，将合二姓之好，上以事宗庙，而下以继后世也。故君子重之。"婚姻的目的，在于缔结两个宗族之间的密切关系，"关系到两姓联姻的质量和稳定性，涉及到宗族是否昌盛"[①]。所以，娶妻就是一件极其慎重的事。应该选择什么样的妻子作为自己的配偶呢？儒家将妇女的德行摆在首位。郑玄笺解《诗经》首章《关雎》的意旨说："《关雎》，后妃之德也。风之始也，所以风正天下而正夫妇也，故用之乡人焉，用之邦国焉。"又说："是以《关雎》乐得淑女以配君子，忧在进贤，不淫其色。哀窈窕，思贤才，而无伤善之心，是《关雎》之义也。"[②]男子娶妇，不应关注女子的容貌是否美丽，而应关注其德行的高低。历史上，"夏之兴也以涂山，而桀之放也以妺喜。殷之兴也以有娀，纣之杀也嬖妲己。周之兴也以姜嫄及大任，而幽王之禽也淫于褒姒"[③]。古圣贤王无不重视后妃之德，所以能够成就伟业；荒淫之主仅仅关注后妃的容貌，所以才有政治的荒败。由此看来，婚姻之礼，可不慎乎！

夫妇有别的另一层含义，是对夫妻双方社会性别和家庭分工的规定。在以农耕为主的自然经济时代，男女的生理差异反映在社会生产生活上，形成了男主外、女主内的基本家庭模式。男外女内首先体现为居室的规定："为宫室，辨外

---

① 彭林：《中华古代礼仪文明》，中华书局2004年版，第112页。

② 《毛诗正义·关雎》。

③ 《史记·外戚世家》。

内。男子居外，女子居内，深宫固门，阍寺守之。男不入，女不出。”[①]男子无故不入内室，女子无故不出外门。男女居室的规定，起到了保护女子，使之避免受到侵害的作用。其次，男外女内还有家庭分工的意味。男子承担农耕生产以及军事、政治等社会职责，女性则承担炊煮、纺织等家庭事务。这种社会性别塑造早在儿童时期就开始了，“（男子）十年出就外傅，居宿于外”[②]，跟随老师学习书、数、礼、乐、射、御六艺，为将来成家、任官作准备。“女子十年不出，姆教婉、娩、听从，执麻枲，治丝茧，织纴组紃，学女事以共衣服，观于祭祀，纳酒浆、笾豆、菹醢，礼相助奠”[③]。女子长到十岁就不出外门，由家中女性长辈或抚育者教导其言辞、容貌以及柔顺的美德，学习操持桑蚕丝麻、纺织缝纫等女红，观摩家庭祭祀，制作各种祭祀用的食品，并帮助家庭完成祭祀礼仪。长时间的训习教导，有效地分别了男女社会性别，并为其在将来的婚姻生活中履行家庭职责打下了基础。再次，男外女内还是家庭权利和财产的分配与再分配。男女婚配之后，按照“男不言内，女不言外”[④]的原则组织家庭生活，即男子较少干预家庭内部事务，而妻子也较少干涉外部事务。女子对家庭内部事务拥有较高的权利。如《红楼梦》中的贾母、王熙凤，就支配管理着家族的财产和大小事务。男外女内的家庭分工不仅是自然经济的现实需要，也反过来

① 《礼记·内则》。
② 同上。
③ 同上。
④ 同上。

影响着社会秩序的稳定。以天子与后的婚姻为例，《礼记·昏义》说：“天子理阳道，后治阴德；天子听外治，后听内职；教顺成俗，外内和顺，国家理治，此之谓盛德。”阳道与阴德、外治与内职的和顺与否，关系着整个国家、社会的秩序。

儒家将夫妻间的伦理关系理解为阴阳、刚柔、内外、主从的关系，并以此为基础，规定了夫妻双方的伦理准则，即“夫义妇听”[①]“夫和而义，妻柔而正”[②]。男性一方在婚姻家庭中以和、义为伦理准则。丈夫以赡养家庭为基本义务。倘若丈夫不能养妻畜子，甚至对妻子詈骂虐待，那就违背了“和而义”的夫道。《孟子》中记载了一个违背夫道的齐人。齐国某人，家有一妻一妾。丈夫每次出门，必定吃饱酒肉回家。妻子问丈夫跟谁喝酒，丈夫总是说和富贵者一道，可是却从来没有富贵者登门拜访。妻子不肯相信，悄悄跟在丈夫身后，想暗中看个究竟。丈夫来到东郊，向上坟祭祀者乞讨剩余的祭品，一连讨了几家，才吃饱喝足。妻子回来后告诉妾，两人一起咒骂自己的丈夫，站在厅堂中哭泣。这个寓言说明，丈夫不肯履行家庭义务，不能奋发有为，连家中妻子都看不起他。而女子在婚姻生活中则以听、顺、柔、正为伦理准则，即尊重家庭长辈和丈夫，听从他们，柔顺和悦地对待他们，以贞正为原则立身处世。女子倘若不能和顺地侍奉公婆丈夫，公道地主持家庭家族内部事务，也就

① 《礼记·礼运》。
② 《左传·昭公二十六年》。

违背了“柔而正”的妇道。北宋程颐记录了自己母亲的言行：“侯夫人事舅姑以孝谨称，与先公相待如宾客。先公赖其内助，礼敬尤至。而夫人谦顺自牧，虽小事未尝专，必禀而后行。仁恕宽厚，抚爱诸庶，不异己出。从叔孤幼，夫人存视，常均己子。治家有法，不严而整。不喜笞扑奴婢，视小臧获如儿女。诸子或加呵责，必戒之曰：‘贵贱虽殊，人则一也。汝如是大时，能为此事否？’先公凡有所怒，必为之宽解。唯诸儿有过，则不掩也。”[①]侯夫人侍奉尊长、教育子女、操持家政，几乎完美地实践了儒家的妇道。

儒家对夫妇伦理的规定，有划定权利义务、维系家庭秩序、协调家庭关系的作用。但毋庸讳言的是，在现实社会生活中，夫妇有别的伦理规范被打上了父权社会的烙印，理论上的对等关系被现实中的主从关系所取代，女性权益受到了极大的束缚。例如，宋代程颐针对寡妇改嫁一事议论说：“只是后世怕寒饿死，故有是说。然饿死事极小，失节事极大。”[②]这段话的本意是指相对于物质生活而言，道德伦理具有价值的绝对优位性，绝没有否认孤孀生存权的意思。事实上，就在程颐为父亲程珦所写的传记中，他还特意回忆了父亲主持外甥女改嫁一事：“女兄之女又寡，公惧女兄之悲思，又取甥女以归嫁之。”这两段文字都被朱熹、吕祖谦编入《近思录》的“家道”篇中。

时至今日，面对婚姻忠诚度低、离婚率过高、子女家庭

① 《近思录·家道》。

② 同上。

教育缺失、外出务工人员家庭的整全性问题，传统的夫妇伦理仍有相当多可资借鉴的部分。全社会都应积极维护夫妇伦理，维护家庭的和谐稳定。

（四）长幼有序

儒家认为，兄弟同出于父母骨血，事父母以孝，事兄弟以悌，是为人之本，是仁德的根基。兄弟间应当互相亲爱，和睦共处。《诗经·鹿鸣之什·常棣》云："兄弟既翕，和乐且湛。"描写的是兄弟相会时的欢乐。孔子也说："朋友切切、偲偲，兄弟怡怡。"[①]朋友间互相鼓励、互相批评，兄弟间和睦相处，是士的行为准则。"长幼有序"是兄弟相处的伦理准则，也叫作"长幼有叙"。"长幼"就是年龄大小，"序"或"叙"的意思都是次序，简单地说，即按照年龄排列次序、判别尊卑。

儒家为什么要将长幼有序列作五伦之一，予以特别的重视呢？这在很大程度上是嫡长子继承制的延续。嫡长子继承制是在私有制完全形成后所产生的一种继承办法。该制度要求权利和财产由正妻所生的长子即嫡长子继承。据《史记》记载，殷商有"九世之乱"，商王中丁死后，他的兄弟凭借权势争夺王位，极大地削弱了商王朝的实力，直到盘庚迁都以后，才阻止了颓势，实现了中兴。西周代商之后，为避免兄弟亲人争夺权位和财产而引发祸乱，于是进一步区别了嫡

① 《论语·子路》。

长子与庶子、大宗与小宗各自的权利和应承担的义务，并将其固定为礼法制度。儒家在继承周代礼法制度的同时，也继承了周礼对兄弟关系的规定，并扩而充之，使之成为一般意义上的伦理规定。

首先，长幼有序是兄弟共同祭祀先祖时遵循的原则。“凡赐爵，昭为一，穆为一。昭与昭齿，穆与穆齿，凡群有司皆以齿，此之谓长幼有序。”①祭礼进行到“旅酬”这一步骤时，要赐助祭者酒爵。兄弟们按年龄辈分排成昭、穆两列，尊者、长者在前，卑者、少者在后。先左后右，轮流交替地进行赐爵。其次，长幼有序是兄弟、宗族之间的伦理规范。《礼记·礼运》说：“兄良弟恭，长惠幼顺。”这句话最能道出儒家对兄弟双方的伦理要求。兄长的良惠，表现在能够抚养、教导弟弟上。孟子说：“仁人之于弟也，不藏怒焉，不宿怨焉，亲爱之而已矣。”②只有发自内心地爱护幼弟，才能做到不怒不怨，尽心尽意地抚育教导他。在传统大家庭中，兄长的职责是很重的。南宋陆九渊就成长于一个大家庭中，“家素无田，蔬圃不盈十亩，而食指以千数”③，经济条件不太宽裕。陆九渊有兄弟六人。长兄陆九思总理家务；二兄陆九叙经营药店，“一家之衣食百用，尽出于此”④；三兄陆九皋担任塾师，以薪金补贴家用，并负责家中子弟的启蒙。在三位兄长的抚育教导下，四弟陆九韶、五弟陆九龄以及六弟陆九渊，都发愤读书，成为

① 《礼记·祭统》。
② 《孟子·万章上》。
③ 《陆九渊集·陆修职墓表》。
④ 《陆九渊集·宋故陆公墓志》。

著名的学者。至于在一个大家族中，兄长的责任就更重了。北宋二程的父亲程珦，十几岁时就承担起管理家庭事务的责任。到二十出头时，伯父、叔父相继亡故，他“劳身苦志，奉养诸母（即伯母、叔母），教抚弟妹”。[①]在伯父、叔父所留下的孩子中，年长者不过六七岁，其余的都还是幼儿。当朝廷委派他出任郊社斋郎时，考虑到不能将诸母弟妹都带到任上加以照顾，他便辞去了这份委派。直到家族中两个大弟弟都长大成人、娶妻生子，两个妹妹都出嫁，他才赴外地任官。以上两个儒者家庭的事例，真实地反映了兄长是如何履行抚养教导之职的。无怪乎民间谚语说“长兄如父”，将长兄比之如父亲，这不是没有道理的。兄长的伦理义务如此。就幼弟一方而言，则以恭、顺为伦理准则。恭即尊重兄长，顺即听从兄长的教导。孟子说：“徐行后长者谓之弟”[②]，又说：“义之实，从兄是也”[③]。在日常生活中，幼小的弟弟总是跟在兄长后面，效仿学习兄长的言行，按照兄长所说的去做。由这一生活经验，弟弟于是知道敬重兄长，培植起对兄长的恭顺之情，这就叫作“悌”。所谓“伦理”，总不离于生活实际，就是这个道理。弟弟侍奉年老的兄长，也如同侍奉父亲一般。《宋史·司马光传》记载，司马光的兄长司马旦年将八十岁，司马光待他“奉之如严父，保之如婴儿”，像对待父亲一样尊重兄长，像对待婴儿一样照顾兄长。传统的大家庭固然也存在很多问题，但通过兄弟姐妹的相处，可

① 《二程集·先公太中家传》。
② 《孟子·告子下》。
③ 《孟子·离娄上》。

以从中学习、体验到人与人相处的很多道理，学会体谅、尊重、关爱与谦让，这一点是不能否认的。在宗法社会里强调长幼有序，事实上也起到了避免子女争斗、维护家庭乃至社会稳定的作用。

广义地看，长幼有序又是可以用于乡党的伦理准则。《礼记·经解》认为，礼是敬让之道，“故以奉宗庙则敬，以入朝廷则贵贱有位，以处室家则父子亲、兄弟和，以处乡里则长幼有序”。这里的长幼有序，显然超越了兄弟宗族的范围，扩大到乡里。在一乡一里当中，长幼有序的伦理准则主要是通过乡饮酒礼来体现的。“乡饮酒之礼者，所以明长幼之序也。”[①]乡饮酒礼原本是乡人的一种聚会方式，儒家将其礼制化，使之成为诸侯或地方官按时在学校举行的一种敬老仪式。其主要仪节有谋宾、迎宾、献宾、乐宾、旅酬、无算爵乐、宾返拜等。在乡饮酒礼中，乡中的老人按照年龄高低，分别担任宾、介、众宾之长和众宾。六十岁以上的老人被安排在堂上就座，五十岁的只能在堂下面朝北而立，听凭差遣，这叫作“所以明尊长也”[②]。按照年龄的高低，老人所受到的奉养也不同，“六十者三豆，七十者四豆，八十者五豆，九十者六豆”。豆是食器，里面盛着奉养老人的食物。这叫作“所以明养老也”[③]。通过序长幼、别贵贱的礼仪道德活动，人们了解了以年龄为序，少不越长的礼仪原则，提倡了孝悌、尊贤、敬长养老的道德风气。从周代到清道光年

① 《礼记·射义》。

② 《礼记·乡饮酒义》。

③ 同上。

间，乡饮酒礼在中国实施了近三千年，曾在中国历史上产生过深远的影响。儒家对长幼有序的提倡，与中国人敬老尊贤的优良传统有着密不可分的关系。

（五）朋友有信

五伦的最末一伦是朋友之道，朋友关系以“信”为伦理准则，即朋友之间要真诚相待、诚实不欺。朋友有广、狭二义。狭义的朋友指志同道合的同学。《易·兑》中说：“君子以朋友讲习。”唐代孔颖达注疏说：“同门曰朋，同志曰友。朋友聚居，讲习道义。”这里的朋友是同师共学的关系。广义的朋友关系，可以推及于社会上交谊深厚的人。朋友关系在儒家伦理思想中，是极为特别的一伦。其一，父子、夫妇、兄弟是家庭关系，君臣是政治关系，都是有特定对象的伦理关系；朋友则是社会关系，是无特定对象的，可以进行普遍推扩的。其二，父子、君臣、夫妇、长幼都有上下尊卑的意涵，唯有朋友一伦是极其平等的。朋友的可推扩性、平等性，可以通过孔子的志向加以了解。有一次，颜回、子路随侍老师，孔子要求他们分别说说自己的志向。弟子们说过后，子路问孔子的志向又是什么，孔子回答说：“老者安之，朋友信之，少者怀之。”①让年长者安心，让朋友信任，让年少者怀念，孔子通过这三种人的反应，表达了对自己德业的期许。其中朋友就泛指与自己平辈、平等的人。

① 《论语·公冶长》。

朋友以道义为原则结合在一起，坚守共同的道义便是朋友有信的第一层含义。孔子曰："工欲善其事，必先利其器。居是邦也，事其大夫之贤者，友其士之仁者。"①君子以仁为共同的情志追求，从而得以缔结朋友关系。"益者三友，损者三友。友直，友谅，友多闻，益矣。友便辟，友善柔，友便佞，损矣。"②"直"是正直，"谅"是宽容，"多闻"是博雅，具备这三种品质的人，才是值得交往的朋友。"便辟"是谄媚逢迎，"善柔"是阿谀奉承，"便佞"是巧言善辩，这三种人没有道义的追求，反而会对自己进德修业产生妨碍，所以君子"无友不如己者"③，不和德行、才能与自己有极大差距的人做朋友。在德性培养和人格发展过程中，朋友是不可缺少的。曾子曾说："君子以文会友，以友辅仁。"④好的朋友能够帮助自己坚定向学求道之心，反省自身的不足，最终助长仁德、仁心。没有朋友间的互相切磋砥砺，人们便会陷入"独学而无友，则孤陋而寡闻"⑤的困境。人们能够从朋友身上观察到嘉言善行，也能观察到彼此的不足。作为道义之交，朋友彼此间有责善规过的义务。孟子曰："责善，朋友之道也。"⑥朋友应当如实指出彼此德行上的过失。孔门弟子子贡说："君子之过也，如

---

①《论语·卫灵公》。
②《论语·季氏》。
③《论语·学而》。
④《论语·颜渊》。
⑤《礼记·学记》。
⑥《孟子·离娄下》。

日月之食焉；过也人皆见之，更也人皆仰之。”[①]对于朋友的过错，不欺瞒，不虚诳，这是朋友有信的重要内涵。责善也包括对自我的勉励。孔子曰：“躬自厚而薄责于人，则远怨矣。”[②]《大学》也说：“君子有诸己而后求诸人，无诸己而后非诸人。”责善规过的首要条件是厚植自己的德性，警惕不要犯同样的过失。如果对方不接受自己的规劝，也要适可而止。“忠告而善道之，不可则止，毋自辱焉。”[③]因为这样的人是不值得与之成为朋友的。孔子曰：“可与共学，未可与适道；可与适道，未可与立；可与立，未可与权。”[④]互相切磋砥砺，以道义互相勉励，共同获得德性的成长，友道的难能可贵就在于此。

朋友有信，还指能够讲究信用、坚守诺言。孔子讲：“人而无信，不知其可。”[⑤]孔门弟子有若也说：“信近于义，言可复也。”[⑥]诚信是近乎于义的道德，人之所以没有诚信，正在于内心没有义德。这样的人如何能成为朋友呢？因此，儒家将言而有信视作朋友之间的典型义务。孔门弟子曾子说：“吾日三省吾身：为人谋而不忠乎？与朋友交而不信乎？传不习乎？”[⑦]他将是否践行朋友有信的伦理准则，当作自省的重要内容。另一位孔门弟子子夏也说：“贤贤易色，事父母能竭其力，

---

① 《论语・子张》。
② 《论语・卫灵公》。
③ 《论语・颜渊》。
④ 《论语・子罕》。
⑤ 《论语・为政》。
⑥ 《论语・学而》。
⑦ 同上。

事君能致其身，与朋友交言而有信。虽曰未学，吾必谓之学矣。”[①]他认为，能发自肺腑地事父母以孝、事君长以忠、事朋友以信，这样的人即使没有入学读书，实际上也懂得道义，和读书明理的人没什么两样。言而有信是建立友谊的基础，也是为人处世的基本原则。历史上曾留下过许多朋友间千金一诺的佳话，如东汉范式与张劭的故事。范式、张劭二人是太学的同学、好朋友。在京师离别时，范式与张劭约定两年后去张家拜望其母亲。两年后，约期将至，张劭请母亲预备鸡黍。张母说：“分别了两年，又远隔千里，你怎么确信他会来呢？”张劭说：“范式是个信人。”母亲说：“既然如此，我为你酿酒吧。”到了约定的日期，范式果然到了，他拜见过张劭的母亲，两人对饮，尽欢而去。[②]后人将张劭、范式二人的交情称为“鸡黍之交”。现实生活中不乏理想的道义之交，同样也不乏前面所说的损友。出于利益勾结的需要，损友之间似乎也讲诚信，这样的诚信难道也是可以的吗？儒家显然不这样认为。孔子曰：“言必信，行必果，硁硁然小人哉！抑亦可以为次矣。”[③]所谓信，必须以仁义为准则。不以仁义为准则，虽然看上去出言必践、一诺千金，但这不过是小人行径罢了。要而言之，言而有信虽然是友谊之基，但并非友道的最高标准。朋友之道的根基，只能是以仁义为内涵的道义啊！因此，当践行诺言要以牺牲仁义为代价时，我们应该知道慎所取择，必要时应该“舍信取义”。

① 《论语·学而》。

② 参见《后汉书·独行列传》。

③ 《论语·子路》。

值得一提的是，师生关系并不在五伦之中。但这并不意味着儒家不重视师生伦理。“弟子有君臣、父子、朋友之道也。”[①]从这个意义上讲，师生之间是一种内涵更加丰富的人伦关系，君臣有义、父子有亲、朋友有信的伦理准则，同样适用于师生之间。甚至比君臣、父子、朋友更重要，儒家强调“道尊于势”，君王也要尊师。师者，所以传道授业解惑也。师教弟子以道，弟子问学于师，道德学问是师生共同的追求。弟子对老师，有对长者的尊敬；老师对弟子，有对幼者的关爱。老师教授学生，没有什么可以隐藏的。陈亢曾问孔子的儿子孔鲤学到了什么不一样的本领。孔鲤举出了他听到的过庭之训，即“不学诗，无以言”，“不学礼，无以立”。陈亢很高兴，说知道了君子教自己的儿子与教弟子没有什么不同。[②]学生请教老师，要以谦虚为怀，但对于道理学问则应勇敢辩证。孔子讲：“当仁，不让于师。”[③]孟子曰：“不直，则道不见。”[④]《礼记·檀弓》中讲：“事亲有隐而无犯”，“事君有犯而无隐”，“事师无犯无隐”。正是通过当仁不让、无隐无犯的辩论，师生间才建立起轻松活泼而不失庄重的关系。师赋予了弟子以崭新的文化生命，因而赢得了弟子乃至一般民众发自内心的尊重，形成了尊师重道的文化传统。民国以前，许多民间家庭都会在堂屋的正中间供奉“天地君亲师”的牌位，民国以后，牌位略作改换，成为“天地国亲师”。无论

① 《白虎通义·丧服》。
② 参见《论语·季氏》。
③ 《论语·卫灵公》。
④ 《孟子·滕文公上》。

如何，师总是被摆在一个极其重要的位置上，接受人们衷心的敬仰。由此可以看出，深受儒学影响的民间社会，是如何重视师生一伦的。

（六）三纲五常

由父子有亲、君臣有义、夫妇有别、长幼有序和朋友有信的“五伦”可以看出，上述伦理准则都是双向的，人伦关系的各方既享有权利，也拥有义务。到汉代，乃出现“三纲”说。

“三纲”说最初的来源可以追溯到董仲舒。汉儒董仲舒提出：“天为君而覆露之，地为臣而持载之；阳为夫而生之，阴为妇而助之；春为父而生之，夏为子而养之；秋为死而棺之，冬为痛而丧之。王道之三纲，可求于天。”①他将君臣、父子与夫妇比附于天地、阴阳、春夏。《白虎通义·三纲六纪》进一步将“三纲”与阴阳关系联系起来：“君臣，父子，夫妇，六人也，所以称三纲何？一阴一阳谓之道，阳得阴而成，阴得阳而序，刚柔相配，故六人为三纲。”这是以阴阳刚柔论君臣、父子与夫妇关系的。君臣、父子、夫妇的对等关系，犹如世界不可能有天无地、有阳无阴，阴阳是动态的平衡，相对相需。说刚柔或尊卑或上下，都是就其性质而说，就如天上地下，天尊地卑，并不是说天就比地高贵、重要，地就得听天的。事实上天行健，地势坤，一显其刚

① 《春秋繁露·基义》。

健，一显其柔厚，两者缺一不可，不能说谁比谁高。

健康的人伦关系，应该建立在平等、独立的人格基础之上。要实现这一点，我们需要正本清源，反思三纲学说，批判那些被王权利用并过度宣扬的愚孝、愚忠行为，扬弃那些片面强调伦理义务的妇德规范，对其进行批判性的反思，回到儒家原典本身，恢复五伦思想所体现的基于人格平等的双向伦理。

第三章 儒学政治论

儒学是内圣外王之学。按照《大学》的解释，“外王”包括齐家、治国、平天下，也就是儒家的社会政治思想。儒学政治论是儒家仁学核心思想在社会政治领域的落实与贯通。春秋战国时期，儒家目睹了封建制度、宗法制度的解体，亲历了各国之间的频繁战争，作为新兴政治力量——士阶层的主要代表，儒家直面社会政治的现实，继承三代以来的政治智慧，提出并发展了一整套政治论学说，以创造一个政治清明、百姓安居乐业的太平世界。

天是儒家学说中政治权力的根源与合法性基础。儒学沿袭了三皇五帝的敬天传统，提出人类社会的统治者应由“天”来指定的主张，同时继承并发展了周公以德配天的思想，不但提出上天依据个人德行来选择适当的统治者，还明确主张“天听自我民听，天视自我民视”[①]，把民意等同于天意，为儒学提出的政治论定下了以民为本的基调。儒学政治论从德治主义出发，区别了“以力服人”的霸道政治和“以民为本”“以德服人”的王道政治，并在王道政治的指导下发展出一整套完备的礼法制度。

① 《尚书·泰誓》。

礼法包括礼与法两个层面，礼是儒学基于人的先天道德情感制定的以尊尊、亲亲为基本原则的社会行为规范。法则是礼在国家政治中的具体表现，它从消极方面对人的行为进行了底线规定以及强制性约束。两者在儒家治政理念中具有同等重要的地位。儒家明确提出治国需礼法并用，隆礼重法。在儒家政治论指导下，中国古代较早地构建了一个以士大夫阶层为主的文官政治体系。在这一体系中，士人和百姓是政治主体，君权与相权相互依靠、相互制衡，通过科举进入政治领域的百官受到考核与监察制度的规范和制约。许多有利于百姓的民生制度，如荒政制度、养老恤孤制度、庠序学校制度等被一一制定。在社会领域，儒家提倡小政府、大社会的政治格局，通过发展私人书院、组织社会讲学、创建社会团体、制定宗法制度、拟定乡约行规等方式淳化风俗，实现社会自治，有效平衡政治力量，极大地削弱了政府公权力对百姓私人领域的侵占。

当然，治国并非儒家学者外王的终极目标。对于儒者而言，天下与我皆为一体，我之仁心仁性需要继续向外推扩，达至天下。所以儒家在内政方面强调仁政，在外交方面则推扩忠恕之道，主张和平正义，积极帮助落后小国，同时豁达地面对外来先进文化。可以说，正是儒家这种博大的胸襟赋予了中国作为中央之国协和万邦的泱泱气度。

一、王道仁政

（一）天命靡常，惟德是辅

自古以来，“天”就在中国人心目中占据着极其重要的地位。中国人常说：“人在做，天在看。”发誓的时候也常以天为证，如果违反誓言，就要遭天打雷劈。中国人对天的笃信虽不是全部源自儒学，却也与儒学有着莫大的关系。

在儒学中，“天”不仅指自然之天、大化流行之天，也指德性之天。孔子被围于匡邑时就说，文王之后，继承文化遗产的不就只有我了吗？如果天要毁灭文化，那么我也不会掌握这些文化了。如果天不毁灭它，匡人又能拿我怎么样？“文王既没，文不在兹乎？天之将丧斯文也，后死者不得与于斯文也。天之未丧斯文也，匡人其如予何？”[①]显见，此“天”具有明确的价值判断与价值取向，依道德法则行事。[②]德性之天在儒学政治哲学中占有相当重要的地位，被儒家视为政治权力的源头与合法性基础。

早在远古时期，我们的祖先就开始了对天的信仰。他们视天为统率自然界各种现象、力量以及神灵的最高领袖，并认为天（或称“帝”“上帝”）将人类社会的统治权指派给某人。受天之命者即是君主。因而君主的权力来源于天，唯有

① 《论语·子罕》。

② 参见任剑涛《天道、王道与王权——王道政治的基本结构及其文明矫正功能》，载《中国人民大学学报》2012年第2期。

被天赋予的权力才是正当、合法的权力。为了永享天命，君主需要在特定时期进行祭祀或占筮而与天沟通，报告国家情况，获得天的肯定与指导性意见。《尚书》就多次记载了先古圣王的祭天盛况。

儒家继承了这一敬天、祭天的传统，并从政治哲学的高度给予其崇高地位。有学者认为正是在政治中加入了天道的论证，才能“为儒家的仁政德治奠立坚实的正当性基础，进而保证政治的神圣性和权威性，为其制度精神和实际的统治策略提供‘高级法’的强有力支持”①。

《礼记·王制》是一部记载上古制度的儒家经典，其中对天子的祭天活动作了细致的规定。首先，不同的祭祀者对应着不同的祭祀对象。“天子祭天地，诸侯祭社稷，大夫祭五祀。天子祭天下名山大川：五岳视三公，四渎视诸侯。”其次，祭祀之礼也有等级之分。“天子社稷皆大牢，诸侯社稷皆少牢”，“祭天地之牛角茧栗，宗庙之牛角握，宾客之牛角尺”。再次，祭祀有严格的时间。“天子五年一巡守，岁二月，东巡守至于岱宗，柴而望祀山川，……五月，南巡守至于南岳，如东巡守之礼。八月，西巡守至于西岳，如南巡守之礼。十有一月，北巡守至于北岳，如西巡守之礼。”②可以说，祭祀天地，特别是前往泰山（岱宗）祭祀天地（又称封禅）自古以来就是我国极为重要的政治活动之一。

---

① 任剑涛：《天道、王道与王权——王道政治的基本结构及其文明矫正功能》，《中国人民大学学报》2012年第2期。

② 《礼记·王制》。

儒家认为，“封禅”是君王向上天汇报治政功绩的盛大典礼。通过封禅大典，君王可以获取上天对自身统治的认可，向世人宣告自己的政权受命于天，具有神圣合法性。“封”指的是在泰山上筑土为坛，祭天以报天之功；“禅”是指在泰山下的小山上辟地，以报地之功。《史记·封禅书》说：“自古受命帝王，曷尝不封禅？”受天命的帝王没有一个不想在泰山举行封禅大典，向天地报功的。那些改朝换代的帝王更是如此，他们企图通过封禅证明自己受命于天。所谓“王者易姓而起，必升封泰山……如受命之时，改制应天，天下太平，功成封禅，以告太平也”[①]。但是，并非所有的君王都有资格封禅。《史记·封禅书》中写道：“每世之隆，则封禅答焉，及衰而息。”这里明确指出只有开启太平盛世的明君圣主才有封禅资格。即便作为“春秋五霸”之一，能够九合诸侯、一匡天下的齐桓公欲前往泰山封禅，都因功绩不足而被管仲再三劝阻。[②]泰山封禅也因此成为历代帝王昭告天下其受命于天而成为明君圣主的典礼，为历代君王所瞩目。

《尚书·多士》说“天命靡常”，指出天命并非一成不变，而是依据一定的原则转移的。历史上，强大的夏、商王朝分别在桀、纣手中一朝败亡，都说明天命具有可变动性。当君主犯错，天命便会转移到更适合的人身上，秉持天命者有权力动用武力推翻现有统治，创造一个新的社

① 《白虎通义·封禅》。

② 参见《史记·齐太公世家》。

会。董仲舒在《春秋繁露》中明确提出："王者，天之所予也，其所伐皆天之所夺也。"《尚书·甘誓》记载了夏启讨伐有扈氏的誓词："有扈氏威侮五行，怠弃三正，天用剿绝其命，今予惟恭行天之罚。"商汤发表讨灭夏桀的誓词也同样假天之名："格尔众庶，悉听朕言。非台小子，敢行称乱，有夏多罪，天命殛之……非夏氏有罪，予畏上帝，不敢不正。"①

那么，天又是依据什么原则转移的呢？周初统治者总结前代尤其是殷商的历史经验教训，对这一问题进行了回答。周公说："我不可不监于有夏，亦不可不监于有殷。"②夏、商灭亡的教训是"不敬厥德，乃早坠厥命"③，因而"皇天上帝改厥元子兹大国殷之命"④。也就是说，夏、商两代之所以社稷不保，是因为统治者没有君德，以致失去了天命。所以在《尚书·周书·康诰》中，周公告诫康叔"惟命不于常"，关键在于统治者是否"明德""敬德"。他说："惟乃丕显考文王，克明德慎罚；不敢侮鳏寡，庸庸，祗祗，威威，显民，用肇造我区夏，越我一、二邦以修我西土。惟时怙冒，闻于上帝，帝休，天乃大命文王。"⑤他又告诫成王"不可不敬德"，"王其疾敬德。王其德之用，祈天永命"⑥。只有敬慎其德，治理好国家，"保享于民"，才能"享天之命"。徐复观先生指

① 《尚书·汤誓》。
② 《尚书·周书·召诰》。
③ 同上。
④ 同上。
⑤ 《尚书·周书·康诰》。
⑥ 《尚书·周书·召诰》。

出，周初人的“敬”“敬德”“明德”的观念，是一种充满责任感的忧患意识，它将外在的天神崇拜转化为内在的道德，将政治责任从交给神转向自我担当。[①]君王正是在这种转向的鞭策下，明德慎罚，兢业政务，“如临深渊，如履薄冰”[②]。“这种由警惕性而来，精神敛抑集中，对政务、事业的谨慎、认真，对自己的行为负责的心理状态，不同于宗教的虔诚。……是自觉、主动、反省地凸显主体的积极性与理性作用。这是中国人文精神最早的表现，是以‘敬’为动力的、具有道德性格的人文主义或人文精神。天命转移、以德配天的思想也成为后世儒学政治论的不竭源泉。”[③]

当我们确认君权神授、以德配天之后，可能会产生这样的疑问：德的内容是什么？我们如何知道谁是有德之人？如何判断天命所归？周公的回答是：敬德保民。中国早在殷商时期就出现了敬德保民的思想萌芽。盘庚迁都的文诰中写道：“呜呼！古我前后罔不惟民之承保，后胥戚，鲜以不浮于天时。殷降大虐。先王不怀厥攸作，视民利用迁。……今我民用荡析离居，罔有定极。尔谓朕曷震动万民以迁。肆上帝将复我高祖之德，乱越我家。朕及笃敬，恭承民命，用永地于新邑。”[④]这段文字的大意是，我朝历代君王皆尽心爱护人民。现在天降大灾，意使我朝迁都，恢复高祖之德。所

① 参见徐复观《中国人性论史》，台湾商务印书馆1987年版，第20—25页。

② 《论语·泰誓》。

③ 郭齐勇：《中国哲学史》，高等教育出版社2006年版，第17页。

④ 《尚书·商书·盘庚》。

以我们应该拯救人民，顺应天意，迁都新邑。从文诰中不难看出其中蕴藏的保民思想。但是这一思想仍不甚分明，并未被统治者加以提炼，视为治政圭臬，“殷代仍以敬事鬼神为主”[①]，民还只是统治对象。

到了周朝，统治者将这一思想向前推进了一大步，明确提出敬德保民的主张，认为天意就是民意，民意就是天意，两者同为一物。《尚书·周书·泰誓》中说：“民之所欲，天必从之。”“天视自我民视，天听自我民听。”从中可以推断，欲知晓天命之所归，只需要看民心民意，民归之即天归之。天命所属这个看似高深莫测的问题实际上可以简单表述为“取悦民就能取悦天，顺民意就能顺天意”[②]。因而，统治者必须认识到人民的重要性，以民为镜，从民情中把握天命。如果视民命如草芥，丝毫不顾及人民的利益和诉求，天命将变，人民就可以顺应天意，揭竿而起，推翻君主的统治。

《孟子》中记录了一段齐宣王与孟子间关于臣弑其君的对话。齐宣王问孟子：“商汤流放夏桀，周武王讨伐商纣，这些事真的发生过吗？”孟子回答：“史料中确实记载了这些事。”面对这两件事，宣王从君主的角度进行质疑：怎么会发生这样的事情呢？难道臣子还可以杀死自己的君主吗？孟子勃然而起，反驳道：“贼仁者谓之贼，贼义者谓之残，残贼之人谓之一夫。闻诛一夫纣矣，未闻弑君也。”[③]孟子在

① 郭齐勇：《中国哲学史》，第17页。

② 俞荣根：《法先王——儒家王道政治合法性伦理》，载《孔子研究》2013年第1期。

③ 《孟子·梁惠王下》。

反驳中指出，像夏桀、商纣这样的君主对人民不仁不义，他们已经从上天授命的君主变成了残害人民的残贼、独夫。此时，汤、武与桀、纣的关系并非君主与臣子的关系，而是义士与残贼的关系。面对民贼，商汤、周武放逐、讨伐他们，正是顺应天意、伸张正义的表现，诛杀他们也是当其所为而为之，这样的行为是诛一夫而不是弑君。这段话不啻向世人表明了儒家的政治态度：凡是残害人民的君主，都背离了天道，都是独夫民贼，任何人对他们进行讨伐、诛杀都是顺应天意，是正义的行为。

儒家肯定了民意与天意间的等同关系，并进一步将其深化。民意既与天意等同，便具备了天意所拥有的神圣性与终极性，君与民之间，便不再仅仅是统治与被统治、服从与被服从的关系。人民并不是只能被动承受统治阶层暴政、虐政的无助存在，他们可以和统治者平等对话，向统治者提出自己的诉求。从天道的角度说，他们的地位远远高于统治者。所以孟子说："民为贵，社稷次之，君为轻。"[①]又说："君之视臣如手足，则臣视君如腹心；君之视臣如犬马，则臣视君如国人；君之视臣如土芥，则臣视君如寇仇。"[②]君民关系在孟子处已经具有平等互动的性质。

基于这种平等关系，儒家进一步加强了"民"在现实社会政治中的地位。儒家主张，任免人才要听取民意，定罪量刑要听取民意，军政大事也要听取民意。孟子在回答齐宣

① 《孟子·尽心下》。

② 《孟子·离娄下》。

王关于如何选贤任能的问题时说，君王选拔人才时，如果确实觉得人才难得，要给他高位，将他置于往日位置比他更高的臣子之上，这时就要再三思量，谨慎小心。孟子主张君王要听于左右，听于诸大夫，听于百姓。他说："左右皆曰贤，未可也；诸大夫皆曰贤，未可也；国人皆曰贤，然后察之；见贤焉，然后用之。左右皆曰不可，勿听；诸大夫皆曰不可，勿听；国人皆曰不可，然后察之；见不可焉，然后去之。"[①]如果左右亲近之人都说某人好，不可轻信；众位大夫都说某人好，也不可轻信；全国的人都说某人好，然后去了解；发现他真有才干，再任用他。左右亲近之人都说某人不好，不要听信；众位大夫都说某人不好，也不要听信；全国之人都说某人不好，然后去了解；发现他真不好，再罢免他。左右亲近之人都说某人可杀，不要听信；众位大夫都说某人可杀，也不要听信；在量刑用罚时也是如此，全国之人都说某人可杀，然后去了解；发现他该杀，再杀他。孟子将民意引入行政决策过程，认为统治者在选拔人才、委任官员、量定刑罚时都应该充分尊重民意。事实上，在国家大事如军事上，孟子也主张要以民意为决策依据。《孟子·梁惠王下》记载了一段孟子与齐宣王的对话。在对话中，齐宣王向孟子请教是否可以征伐燕国之事，孟子回答道："取之而燕民悦，则取之。古之人有行之者，武王是也。取之而燕民不悦，则勿取。古之人有行之者，文王是也。"[②]

① 《孟子·梁惠王下》。

② 同上。

儒家政治学说总是再三强调，君主在政治行为中要时时关注民心向背，了解民众心声，满足民众需求。这一观念发展出以民为本的治政原则，为儒家的王道政治理念打下了坚实的基础。

（二）以民为本，本固邦宁

王道政治是儒家理想的政治模式，也是儒学政治哲学的顶层设计。在天道观念的影响下，基于敬德保民的基本理念，从不忍之心出发，儒家创建了以民为本的王道政治体系。这一体系由孟子明确提出，后经荀子发展，得到汉、唐、宋、明等诸代大儒的不断完善。在其发展、成熟的过程中，一直指导着现实的政治实践，成为讨论中国古代政治无法绕开的重要话题。

从王道与霸道的区别入手也许是了解王道政治的最快途径。与王道相对，霸道强调以力服人。向外，通过强有力的政治权势和各种权谋使诸侯臣服；向内，则通过严苛的刑法和残酷的统治使百姓噤声。以霸道治国的君主，将人民作为展示力量、迫使其他政治团体臣服的工具，其治国的最大目标就是不择手段、无限度地扩大力量来谋取利益，所以“争地以战，杀人盈野；争城以战，杀人盈城”[①]。在这样的政治环境中，人民的利益得不到保障，百姓甚至会因为攻伐兼并

① 《孟子·离娄上》。

而随时丧命。

王道则与此相反，持王道理念的君主视人民为国家的根本和价值主体，认为人民对国家的兴衰成败起着决定性作用，在他的眼中，人民是政治的目的。“民为贵，社稷次之，君为轻”[①]，“邦之兴，由得人也；邦之亡，由失人也”[②]，所以“民惟邦本，本固邦宁”[③]。王道政治强调，“天之生民，非为君也。天之生君，以为民也”[④]。统治者正是因为人民的存在而存在，因而要服务于人民的需要。

“人民最基本的需要是生存，所以人君最大的任务便是保障人民的生存”[⑤]，也就是爱民、保民、安民、利民。爱民、保民的核心是给人民以仁爱，然后才能以此仁爱之心教养万民。儒家认为古之圣王皆有爱民之心。明儒李贤说：“古之贤圣之君，爱民之心如爱赤子，休养生息，惟恐失所。”[⑥]明儒陈以勤也说：“‘以保息养万民’，可见爱民实为人君之先务。”[⑦]

在王道与霸道之间，儒家选择了前者，“以力服人者，非心服也，力不赡也；以德服人者，中心悦而诚服也”[⑧]。人人皆有的不忍人之心是王道政治的实践起点。先古圣王认识并长养此心，然后将其推扩至天下百姓。在制定政策、

① 《孟子·尽心下》。
② 《策林·辨兴亡之由》。
③ 《尚书·夏书·五子之歌》。
④ 《荀子·大略》。
⑤ 徐复观：《中国思想史论集（续编）》，上海书店出版社2004年版，第291页。
⑥ 《上中兴正本疏》。
⑦ 《陈谨始之道以隆圣业疏》。
⑧ 《孟子·公孙丑上》。

决策，处理行政事务时总是以民为本，以保民安民为目标，时时注意是否会伤及百姓利益，是否有利于百姓生活。正是由于行此不忍人之王道政治，才使得百姓安居乐业，国家长治久安。“以不忍人之心，行不忍人之政，治天下可运之掌上。”[①]要言之，王道就是“乐民之乐……忧民之忧”[②]。

一个与此相关的例子发生在战国时期。一日，梁惠王带着“寡人之于国也，尽心焉耳矣。河内凶，则移其民于河东，移其粟于河内。河东凶亦然。察邻国之政，无如寡人之用心者。邻国之民不加少，寡人之民不加多，何也？”[③]的疑问来找孟子。孟子回之以“五十步笑百步”。他认为梁惠王与邻国君主一样，实行的并非王道，因为梁惠王仍将百姓置于苦难之中。若他早早制定政策，要求百姓耕作不违农时，百姓自然可以“谷不可胜食”，要求百姓“数罟不入洿池”，人民也就可以“鱼鳖不可胜食”，要求百姓“斧斤以时入山林”，则民就可以“材木不可胜用”。如此，又怎会使人民在凶年落入无法生存的境地？可见，梁惠王所谓的保民、安民，其实仍未尽其心。因而真正的王道是将百姓的利益放在治政首位，早早制定并实施有效的政策，长期关注百姓生活，使之即使遭逢凶年也能够生活无忧，养生丧死而无憾。

正是出于拳拳爱民之心，儒家极为重视民生问题。孔子提出了庶之、富之、教之三条循序渐进的养民举措。“庶之”是增加民众数量；“富之”就是给人民提供充足的物质

① 《孟子·公孙丑上》。
② 《孟子·梁惠王下》。
③ 《孟子·梁惠王上》。

生活条件，使其以较高的生活质量生存于世；“教之”则是在人民生活无忧的基础上对其施以教化，开发民智，使百姓明晓事理。孟子以解决民生、解决百姓的温饱问题为第一要务。他明确提出仁政应制民之产。孟子说：“无恒产而有恒心者，惟士为能。若民，则无恒产，因无恒心。苟无恒心，放辟邪侈，无不为已。及陷于罪，然后从而刑之，是罔民也。焉有仁人在位罔民而可为也？是故明君制民之产，必使仰足以事父母，俯足以畜妻子，乐岁终身饱，凶年免于死亡；然后驱而之善，故民之从之也轻。”[①]当百姓连饭都吃不上的时候，自然以生存为第一要务，怎么可能安分守己？因而明君应该制民之产，解决百姓的基本生活问题，使其足以赡养父母，养活妻子、子女。然后才能对其施以教化，使其懂得礼义廉耻，不胡作非为。

《礼记·王制》是记载儒家理想政治制度的重要典籍，其中有许多与此相关的制度安排，如轻徭薄赋、养老恤孤、荒政以及济贫扶困等。徭役是我国古代社会常见的一种政府行为，指的是统治者征调百姓来为国家或统治阶层进行无偿劳动。常见的徭役有劳役、军役、杂役等。如果统治者用民无度，必然使百姓无法正常生产，伤及百姓利益，甚至导致民不聊生的恶性后果。为此，儒家对如何“使民”进行了规定。首先要“使民以时”[②]，就是在百姓空闲时再进行征调，不占用百姓农忙或其他工作时间。其次，“用民之力，岁不

① 《孟子·梁惠王上》。

② 《论语·学而》。

过三日”[①]，征调百姓一年最多三次。再次，征用百姓时，要使其“任老者之事，食壮者之食”[②]。关于缴纳税赋，儒家同样颇为关切。“古者公田藉而不税。市廛而不税。关讥而不征。林麓川泽，以时入而不禁。夫圭田无征。”[③]如果农户帮助官府耕种了公田，那么私田就不需要交税；在城邑中租用了官府的铺面经商也不用再交商业税；各种水陆关口只是用来查检是否有违禁物品的，并不征收进出关税；此外，耕种卿大夫的田地也无须交税。

鳏、寡、孤、独、残是社会中的弱势群体，他们或年幼失怙，或年老丧子，或身体残缺而丧失了劳动能力，因而无法在社会中独立生存。面对这一群体，儒家制定了济贫扶困政策：“少而无父者谓之孤，老而无子者谓之独，老而无妻者谓之鳏，老而无夫者谓之寡。此四者，天民之穷而无告者也，皆有常饩。瘖、聋、跛、躃、断者、侏儒、百工，各以其器食之。”[④]对于老年人，《礼记·王制》还提出了相应的养老制度来帮助他们安享晚年：“凡养老，有虞氏以燕礼，夏后氏以飨礼，殷人以食礼，周人修而兼用之。五十养于乡，六十养于国，七十养于学，达于诸侯。……有虞氏养国老于上庠，养庶老于下庠。夏后氏养国老于东序，养庶老于西序。殷人养国老于右学，养庶老于左学。周人养国老于东胶，养庶老于虞庠，虞庠在国之西郊。有虞氏皇而祭，深衣

① 《礼记·王制》。
② 同上。
③ 同上。
④ 同上。

而养老。夏后氏收而祭，燕衣而养老。殷人骍而祭，缟衣而养老。周人冕而祭，玄衣而养老。凡三王养老皆引年。”①

在古代农耕社会，农民是百姓的主体。如果不幸天降大灾就可能导致百姓颗粒无收、生活困顿，严重时甚至饿殍遍野。为了应对这样的凶年，儒家制定了荒政制度，规定国家每年都要储备一定的粮食。“国无九年之蓄曰不足，无六年之蓄曰急，无三年之蓄曰非其国也。三年耕必有一年之食，九年耕必有三年之食。”②如果统治者能够做到国库中常年存有可食九年的粮食，那么即使遇到凶年，也会“民无菜色”③。只有这样，才能“天子食，日举以乐”④。

制定好的利民政策，认真执行这些政策，整个国家就会“无旷土，无游民，食节事时，民咸安其居，乐事劝功，尊君亲上”⑤。但这并不是“以民为本”政治理念的终点。儒家认为，当百姓安居乐业之后，君主还有责任兴办公学，教化百姓，开化民智，导之向善。

以礼乐教化百姓是王道政治的重要内容，它不但可以淳化风俗，还能得到民心。孟子说：“善政不如善教之得民也。善政，民畏之，善教，民爱之；善政得民财，善教得民心。”⑥只有良好的教育才能使百姓心悦诚服，有如七十子之服孔子。而再好的政治手段也不过是与民争利，得民财而

① 《礼记·王制》。
② 同上。
③ 同上。
④ 同上。
⑤ 同上。
⑥ 《孟子·尽心上》。

已，达不到得民心、使百姓衷心拥戴的效果。因此，“古之王者明于此，是故南面而治天下，莫不以教化为大务。立大学以教于国，设庠序以化于邑，渐民以仁，摩民以谊，节民以礼，故其刑罚甚轻而禁不犯者，教化行而习俗美也”①。古代圣王正是清醒地认识到教化的重要作用，所以皆以此为治国之重。他们在各级官府设立教育机构，用人伦教化百姓，使之懂得父子有亲、君臣有义、夫妇有别、长幼有序、朋友有信的人伦准则，进而形成和谐的社会风气，维护公序良俗。使百姓有恒产是王道之始，教化百姓才是王道之终。梁启超说：“儒家之视一都一邑一国乃至天下，其犹一学校也，其民则犹子弟也。理想政治之象征，则‘弦歌之声’也……所谓‘移风易俗美善相乐，’即儒家政治唯一之出发点，亦其唯一之归宿点也。”②

教化的方式除官府设立的庠序学校外还有立功德碑、树功德牌、设立蒙学堂以及编制家训、创作小说、表演戏曲等。戏剧、曲艺是我国百姓非常喜欢的娱乐休闲活动。在漫长的历史中，它们受到儒家文化的影响，传递着孝、悌、忠、信、礼、义、廉、耻等儒家价值理念，对于儒家思想的传播、和谐社会的建立起到了积极的促进作用。脱胎于史事的著名戏剧《赵氏孤儿》，就宣扬了儒家的“忠信”观念。故事中程婴与公孙杵臼的许多决定，如以子易子、以死报恩等，或许我们今日已无法理解也不会赞同。但是，程婴和公孙杵臼彼此间可以托

① 《汉书·董仲舒传》。

② 梁启超：《先秦政治思想史》，东方出版社1996年版，第211页。

付生死的信赖却不能不令后人动容，而这正是儒家向社会大众传递的价值理念。所以，中国百姓都知道“与朋友交，言而有信”[①]，也都相信“积善之家必有余庆，积不善之家必有余殃”[②]。这类平实、生动的教化方式润物无声，在不知不觉中使儒家的道德规劝逐渐内化为百姓的生活哲理，产生内在的道德约束，使中国人获得安身立命的终极价值。

无疑，假若君主能够施行王道，整个国家就会变得安定、美好，人民生活也会富足、愉悦。《礼记·礼运》篇对这个美好、安定的理想社会进行了描述：“大道之行也，天下为公，选贤与能，讲信修睦。故人不独亲其亲，不独子其子。使老有所终，壮有所用，幼有所长，鳏寡孤独废疾者皆有所养，男有分，女有归。货恶其弃于地也，不必藏于己。力恶其不出于身也，不必为己。是故谋闭而不兴，盗窃乱贼而不作，故外户不闭。是谓大同。”[③]在这样的社会中，人民安居乐业，各有其职分，对统治者衷心拥戴。周围国家的百姓自然也会被这样的德行与仁政所感召，“仰之若父母矣”[④]，“襁负其子而至”[⑤]，“如此，则无敌于天下”[⑥]。

以民为本的观念是儒家政治哲学的基石，从它出发，可以推出儒学王道政治的本质和全体，儒家政治的所有内容都是围绕这一点来展开的。

---

① 《论语·学而》。
② 《周易·坤·文言》。
③ 《礼记·礼运》。
④ 《孟子·梁惠王上》。
⑤ 《论语·子路》。
⑥ 《孟子·梁惠王上》。

二、隆礼重法

（一）礼法同源的法礼思想

礼法是儒家政治中极为重要的治国依据。两者既有共通之处，也有区别。礼是国之经纬，是古代统治者须臾不可离的大法。它是以亲亲、尊尊为核心的一套礼仪规范。其本质是“爱”，核心是“敬”与“让”。礼效法天地，基于人情而作。儒家“法”的实质是依据礼的标准从消极面对人的行为的底线规定以及强制约束。法的制定与实施同样出于天理、人情。从情、理的角度而言，礼与法同源。

《礼记·礼运》称“夫礼之初，始诸饮食”，认为礼起于俗。儒家主张因俗制礼，就是要尽可能地利用现有风俗的形式和内在合理的部分，加以整理、提高，为其注入新的精神。如此，礼才能够被百姓所接受。《周礼·大司徒》明确记载，周公就是依据“辨五地之物生”“因此五物者民之常，而施十有二教焉”“以本俗安万民”这三条原则对各地民俗加以损益而制成《周礼》的。儒家之礼是在周礼的基础上继续损益而成的。它重新诠释并继承了《周礼》中的有益成分，如亲亲、尊尊的宗法制度，又对蒙昧部分如活人殉葬制度加以舍弃。

礼是对天地大道的效仿。儒家观察到天地自然周而复始，长养万物；体悟到天地对万物的生生之德；领会到天地之长久。儒家视生生不息、生生之德为天地大道，并认为人类社会要想长久就必须效仿天地，应循大道。而礼就是天地之道在人类社会的落实与运用。所以说，“夫礼必本于天，动而之地，列而之事，变而从事，协于分艺”①。“礼者，天地之序也”②。

礼依人性、人情而作，其本质是亲亲之爱，核心是“敬”“爱”之情。儒家认为，人性是天地之道在人身上的落实，未发为性，已发为情。故人性、人情与天道相通，“天命之谓性，率性之谓道”③。如此，礼既效法天地又发端于人情。礼有深浅两层内涵：一是深层的敬、爱之情，二是浅层的仪表、仪态。礼的核心是敬、爱。孔子说：“今之孝者，是谓能养。至于犬马，皆能有养，不敬，何以别乎？”④又说：“礼与其奢也，宁俭；丧，与其易也，宁戚。”⑤正因如此，“故礼义也者，……所以达天道、顺人情之大宝也”⑥，“君子治人伦以顺天德”⑦。

礼的目的是使贵者受敬，老者受孝，长者受悌，幼者得到慈爱，贱者得到恩惠。贵贱有等的礼制秩序，含有敬、孝、悌、慈、惠等诸德，并涉及对弱势群体的保护问题。“太上贵德，其次务施报。礼尚往来：往而不来，非礼也；来而不

---

① 《礼记·礼运》。
② 《礼记·乐记》。
③ 《中庸》。
④ 《论语·学而》。
⑤ 《论语·八佾》。
⑥ 《礼记·礼运》。
⑦ 《成之闻之》。

往，亦非礼也。人有礼则安，无礼则危，故曰‘礼者，不可不学也’。夫礼者，自卑而尊人，虽负贩者，必有尊也，而况富贵乎？富贵而知好礼，则不骄不淫；贫贱而知好礼，则志不慑。”[①]这一交往原理包含如下内容：以德为贵，自谦并尊重别人，讲究施惠与报答，礼尚往来。无论富贵或贫贱，都互相尊重，互利互惠。

礼以合于中道为宜。性情在理论上固然合于天道，但现实中情之所发会面临着是否适度的问题，圣人制礼便可用于节情，使人情皆合于中道。以丧礼为例。亲人离世，正常人的情感反应必然是痛哭流涕，悲恸欲绝。有些人可能出现悲伤过度，甚至猝死。对于这类情感反应过度的群体，通过丧礼中的祭奠、着丧服、去乐等途径就可以帮助其将悲痛以合理的方式宣泄出来，并逐渐减少悲痛，避免以死伤生。有些人可能对亲人的离世无动于衷，毫无情感反应。对于这种人，通过丧礼可以使其时时意识到自己正处于丧期，帮助他唤起悲伤之情。《中庸》写道：“喜怒哀乐之未发谓之中，发而皆中节谓之和。中也者，天下之大本也。和也者，天下之达道也。致中和，天地位焉，万物育焉。”中与和是天下之大本与达道，礼则是合乎大本与达道的顺遂表达。

礼的内容极其庞杂，上至国家典章，下至民众生活日用，无所不包。“道德仁义，非礼不成，教训正俗，非礼不备。分争辨讼，非礼不决。君臣上下父子兄弟，非礼不定。宦学事师，非礼不亲。班朝治军，莅官行法，非礼威严不

① 《礼记·曲礼上》。

行。祷祠祭祀，供给鬼神，非礼不诚不庄。是以君子恭敬撙节退让以明礼。”①礼涵盖了古代社会生活的方方面面。正是在礼的规定下，上至君主，下至庶民均有其行事依归，均能知其职守。若人人如此，社会自然稳定。礼也因此成为君主治国的重要手段。

礼是君之大柄，可以“经国家、定社稷、别贵贱、序尊卑”②，“使君无失其民者也”③。

古代社会是宗法社会。家组成了宗，宗组成了族，族则组成了国家天下。家成了缩小的国，国就是扩大的家。在这样的社会中，人伦关系无所不在，宗法礼制也处处显现。以宗族继承为例，礼制规定宗应由嫡长子继承，次子及庶子当另立别宗。由此，继承嫡宗的嫡脉享有了嫡宗的大部分财物，并有权主持宗族祭祀，以彰示自己的正统地位。这一制度明确了财产分配以及等级地位，极大程度上消解了因为地位不清可能造成的财产抢夺。理论上，皇族实行嫡长子继承制也可以消除因皇子争夺皇位而导致的政治混乱。礼不但可以运用于宗族，还可以推扩至国家。礼在宗为宗法，在国则为国法。仍以继承为例。于国而言，君王是天之嫡子，因而皇位应由其嫡支接续继承。在礼制下，推翻君主统治、更换继承人是失礼的表现。值得注意的是，儒家认为天会依据德行更换天子的人选。推翻天子固然失礼，但推翻失去天命的民贼独夫则是大大的正义。显然，在这样的礼法制度

① 《礼记·曲礼》。

② 同上。

③ 《新书·礼》。

下，一个有德的明君，其统治必然稳固，社会秩序也井然。所以，“民之所由生，礼为大，非礼无以节事天地之神也；非礼无以辨君臣、上下、长幼之位也；非礼无以别男女、父子、兄弟之亲、昏姻疏数之交也”①。相反，如果失去了礼，民众行事皆从心所欲，国家便会混乱而导致灭亡。“坏国丧家亡人必先去其礼。”②

礼既是经国家、定社稷的大法，关系到国家的稳定与发展，那么维护礼治就显得极为重要。儒家提出失礼入刑。“君则修臣下之义，遇乡则修长幼之义，遇长则修子弟之义，遇友则修礼节辞让之义，遇贱而少者，则修告导宽容之义。……如是，而不服者，则可谓妖怪狡猾之人矣，虽则子弟之中，刑及之而宜。”③礼与刑结合在一起就成为法。所以在古代，礼法不分家。俞荣根教授就认为，至少在西周时期“法外无礼，礼外无法。……即使秦汉以后，其律令也悉以礼为指导”④。可以说，在古代，礼指导立法与司法，形成了具体、详细的法令，并将其落实于政治实践中。

礼、法同出于情、理，故而在儒家的制度规划中有许多互济之处。因孝、忠是两种最为重要的情理，此处就以两者为例说明礼、法是如何互济的。

在“礼”这个大系统中，有许多关于孝的礼仪，如日常之礼有晨昏定省、敬养父母等，专门之礼有贺寿、丧葬、祭

① 《礼记·哀公问》。

② 《礼记·礼运》。

③ 《荀子·非十二子》。

④ 俞荣根：《儒家法思想通论》，广西人民出版社1998年版，第110页。

祀礼仪等。儒家一方面通过礼仪来长养孝，另一方面通过法来要求孝。我国的历代法令都对孝有具体规定，要求子女对父母要敬要孝，否则就犯了不孝大罪。衡山王的太子，就因告发他的父王，而以“不孝”罪“弃市”。唐代律法规定，父母健在子女不能有私财。此外，历代法令还给行孝留有空间，在某些情况下公权退出私人领域，成全个人的孝道。如北魏法律明确规定，犯了死罪的人，如果家中有三代以内的直系亲属年岁上了七十岁，且没有其他人可以照顾其生活，就可以申请留下来赡养老人，等老人死后再执行死刑。[①]“亲亲互隐”自汉代起就一直被纳入法律条文。汉宣帝地节四年（前66）发布诏令：今后子隐匿父母、妻隐匿丈夫、孙隐匿祖父母，都不算犯罪。[②]非但如此，诏令还规定，如果不隐匿，向官府告奸，属于犯罪，需受惩罚。

再以忠为例。据《史记·周本记》记载，周王朝时期，诸侯必须按各自的等级规定臣服于周天子，这就是礼，如果不臣服，或不按规定的礼仪臣服就是违礼。对于违礼的诸侯，周天子先是修意、修言、修文、修德以待其改正，如果屡教不改，就要对其修刑，进行攻伐，征讨。“夫先王之制，邦内甸服，邦外侯服，侯卫宾服，夷蛮要服，戎翟荒服。甸服者祭，侯服者祀，宾服者享，要服者贡，荒服者王。日祭，月祀，时享，岁贡，终王。先王之顺祀也，有不祭则修意，有不祀则修言，有不享则修文，有不贡则修名，

① 参见《魏书·刑罚志》。

② 参见《汉书·宣帝记》。

有不王则修德，序成而有不至则修刑。于是有刑不祭，伐不祀，征不享，让不贡，告不王。于是有刑罚之辟，有攻伐之兵，有征讨之备，有威让之命，有文告之辞。”①另据《礼记·王制》记载：“命典礼考时月，定日，同律，礼乐制度衣服正之。山川神祇，有不举者，为不敬；不敬者，君削以地。宗庙，有不顺者为不孝；不孝者，君绌以爵。变礼易乐者，为不从；不从者，君流。革制度衣服者，为畔；畔者，君讨。”也就是说，在制定礼乐制度及着装规则之后，诸侯均需遵守。如若不然，就要施以惩罚。例如，不祭祀山川神祇，就是大不敬，不敬则削减封地；对宗庙不顺就是大不孝，不孝则废除爵位；更改礼乐者，就是不从，不从者，要被流放；改变制度及服装规制的，就是叛乱，叛乱者，君王就要率军讨伐。

礼法虽与情有关，但更出于理。它为天地之序，主别异，显得庄严肃穆，难以亲近。而乐则可以起到柔化礼法的作用，故圣王制乐以配礼。“乐也者，情之不可变者也”，“动于内”，“乐极和”。②圣王感于天地之和而创作乐。它出于情，至于和。“动四气之和，以着万物之理。是故清明象天，广大象地，终始象四时，周还象风雨，五色成文而不乱，八风从律而不奸，百度得数而有常，小大相成，终始相生，倡和清浊，迭相为经。故乐行而伦清，耳目聪明，血气和平，移风易俗，天下皆宁。”③乐将天地万物皆熔炼其中，

① 《史记·周本记》。

② 《史记·乐记》。

③ 同上。

使其和谐共存，极大地消解了礼法等级带来的敬畏感。“乐极和，礼极顺，内和而外顺，则民瞻其颜色而弗与争也，望其容貌，而民不生易慢焉。故德辉动于内，而民莫不承听；理发诸外，而民莫不承顺。”①礼有威严，使民不致生出慢怠之心，乐有和同，使民莫不喜乐亲近。礼乐相配则民风祥和淳朴，天下皆宁。

在儒家的政治哲学中，礼法并没有那么严格的界限，两者常常被混为一谈。礼法同出于理，同含有德，都是对个体行为的规范。刚硬的礼法配之以柔和的乐，天下便为之治。故曰：“致礼乐之道，举而错之，天下无难矣。”②

（二）德主刑辅的治国方略

德主刑辅是儒学提出的治国方略。它一方面指出治国要以德为本，另一方面也强调刑罚的辅助作用。德是礼的核心，它的最基本内涵是爱民。德的关键在于执政者本身的德行。德面向全体民众，可以长养百姓善性，获得百姓拥护。德重在治本。刑是对恶人恶行的惩处与警戒。刑的惩恶功能可以维护公平正义。刑可以树立起政权的威严。刑重在治标。正如刘向在《说苑·政理》中写道：“治国有二机，刑德是也。……夫刑德者，化之所由兴也。德者，养善而进阙者也；刑者，惩恶而禁后者也。”

① 《礼记·乐记》。

② 同上。

德刑两者，德为本，刑为用。我国古代的律法模本《唐律疏议》开篇明确写道："德教为政教之本，刑罚为政教之用。"为政以德是王道政治的必然要求。孔子说："为政以德，譬如北辰，居其所而众星共之。"[①]只有用德，君主才能如北极星被众星拱卫一样得到民众的拥护。王道政治强调民心向背，认为只有善待百姓，才可使百姓爱国爱君，一味用刑罚威慑只能使百姓畏惧。因而民心应通过德来获得。孔子以御马来比喻治国，他说，德就如马之御勒，百官就如马之辔策，刑如马鞭，万民为马。一个好的骑手，一定要端正御勒，整齐辔策，均衡马力，和同马心。做到这样，无须出声命令，马也能给予正确的回应；无须鞭策，马也能奔驰千里。反面的例子是扔掉御勒，专用马鞭，如此，马疲而不能行。不能御民以德，专用刑辟的君主就如同不会骑马的骑手，"其不制也可必矣"[②]。刑以德为本，首先表现在定罪量刑一定要考虑犯罪者的现实情况，不能一味偏执，按典用刑。因而朱子虽支持刑罚，但也说："若如酒税伪会子，及饥荒窃盗之类，犹可以情原其轻重大小而处之。"[③]其次，定罪量刑要心怀有德，然后才能保证公平、公正。正所谓："礼乐不兴，刑罚不中，刑罚不中，则民无所措手足"[④]，"刑罚不中，足以亡"[⑤]，意思是刑罚不公正是亡国之道。

① 《论语·为政》。
② 《孔子家语·执辔》。
③ 《朱子语类·论刑》。
④ 《论语·子路》。
⑤ 《说苑·敬慎》。

这一德主刑辅、标本兼治、重在治本的为政主张，在汉代明确提出后，就为历代政府所采用。

为政以德最基本的内涵是爱民。“古之为政，爱人为大。”①“天子作民父母，为天下王。”②爱民起源于“亲亲”之爱。儒家认为只有敬爱自己的父母兄弟，才能尊敬祖宗先辈，继而对宗族生出崇敬感，然后重社稷，爱百姓。也正是因为有爱民、安民之心，君主才可能公平地量刑定罚，使百姓安居乐业，财帛富足，有志于学。如此，国家才能长治久安。③因而，“天子作民父母，为天下王”④。“王者亦常以爱利天下为意，以爱乐一世为事”⑤。“故有社稷者而不能爱民，不能利民，而求民之亲爱己，不可得也。民不亲不爱，而求为己用，为己死，不可得也。民不为己用，不为己死，而求兵之劲，城之固，不可得也。兵不劲，城不固，而求敌之不至，不可得也。敌至而求无危削，不灭亡，不可得也。”⑥如果为政不能爱民，则民也不会爱国爱君，天下百姓不安其所，社会秩序混乱，便会招来兵祸，国家必然趋于灭亡。

爱民的关键在于执政者本身的德行。荀子说：“法不能独立，类不能自行；得其人则存，失其人则亡。法者，治之端也；君子者，法之原也。故有君子，则法虽省，足以遍矣；无君子，则法虽具，失先后之施，不能应事之变，足以

① 《礼记·哀公问》。
② 《汉书·刑法志》。
③ 参见《礼记·大传》。
④ 《汉书·刑法志》。
⑤ 《春秋繁露·王道通三》。
⑥ 《荀子·君道》。

乱矣。”[①]也就是说，虽然政府可以制定完备的法令法规，但条规毕竟是死的，不能自我运行。只有有德之人运用、实施这些条规，才能让国家得到良好的治理。所以法是治国之端，而有德之人才是治国之本。

儒家一方面对君主的德行有所要求，另一方面对掌握行政权的百官之德行也有要求。孔子说：“政者正也。君为正，则百姓从政矣。君之所为，百姓之所从也。君所不为，百姓何从？”[②]君主应该以身作则，依德而行，那么百姓必然效仿，以德处世，如此国家何愁不治？如果君主其身不正，又何以让百姓身正？故而，《大学》提出治国平天下应以修身为本。在儒家的理想政治架构中，君主以垂范为事，具体行政则由宰相率领的百官主掌。百官的德操对于治国来说极为重要。“人君之欲平治天下而垂荣名者，必尊贤而下士。”“夫朝无贤人，犹鸿鹄之无羽翼也，虽有千里之望，犹不能致其意之所欲至矣。”[③]有贤人辅佐，君主就有可能治国平天下，若无贤人体察君主爱民之心，于具体行政举措中践行德治，德治便无法开展，人君欲治国平天下的愿望就犹如鸿鹄没有翅膀，空有雄心万丈，却也终究无法实现。能够辅君佐事的贤人可以谓之“圣臣”，他们“上则能尊君，下则能爱民，政令教化，刑下如影，应卒遇变，齐给如响，推类接誉，以待无方，曲成制象，是圣臣者也”[④]。

① 《荀子·君道》。

② 《礼记·哀公问》。

③ 《荀子·尊贤》。

④ 《荀子·臣道》。

在治国事务上，贤人的德行主要表现在五个方面：一为“惠而不费”，即就着能给百姓利益处而给其利益的原则，这样既给了百姓好处，而自己又无所耗费。二为“劳而不怨”，即选择适宜的时间、地点征调适宜的百姓进行劳动，不违农时，不使百姓利益受损，百姓当然无所怨恨。三为“欲而不贪”，执政者自己求仁得仁，自然没有什么可以贪求的。四为“泰而不骄”，不论人多人少，无论势力大小，都无所怠慢，不卑不亢，这正是安泰矜持而不骄傲。五为“威而不猛”，即衣冠严整，目不斜视，庄重地使人望而生敬畏之心，这就叫作威严却不凶猛。显见，贤人的德行主要集中于以民为本及以礼待人上。孔子说：“尊五美，屏四恶，斯可以从政矣。”①

德治的另一个重要举措是教化百姓。教化百姓一方面可以使百姓认识并长养自身潜藏的仁义礼智之端，从而获得安身立命之本，自立于社会；另一方面也可以通过百姓道德感的提升达到稳定社会的目的。如果不重教化，只用刑罚，就会出现刑罚众多，但恶人恶行却会屡禁不止的现象。“不教而诛，则刑繁而邪不胜”②。关于教化问题，本章第一节及第四章另有详述，此处不再赘言。

为政以德的反面是“不德”，如果自君以下均不修德，国家就会面临倾覆的危险。君主心中如果没有百姓社稷，大臣就会无视宗法伦理，犯上作乱，百姓当然上行下效，诈伪

① 《论语·尧曰》。

② 《荀子·富国》。

贪利。如此，虽然国家地广物博，但政令却无人愿意听从；虽然民众甚多，但均无报效国家之心，无爱国爱民之情，其军队必然不堪一击；虽然法律条文细碎烦琐，但无人愿意遵守。这样的国家形同亡国。“大国之主也，不隆本行，不敬旧法，而好诈故，若是，则夫朝廷群臣，亦从而成俗于不隆礼义而好倾覆也。朝廷群臣之俗若是，则夫众庶百姓亦从而成俗于不隆礼义而好贪利矣。君臣上下之俗，莫不若是，则地虽广，权必轻；人虽众，兵必弱；刑罚虽繁，令不下通。夫是之谓危国，是伤国者也。”①

为了更好地实施德政，儒家提出以刑罚作为德治的有力辅助与补充。孟子说：“徒善不足以为政，徒法不能以自行。”②如果不分对象，对任何人都施以善，那是对善的亵渎，也是对善良之人的最大不公。公平的做法是“善至者待之以礼，以不善至者待之以刑”③。面对不顺教化、做出恶行的人，应该以刑辅德。所谓“杀人者不死，而伤人者不刑，是谓惠暴而宽贼也，非恶恶也”④。对于怜悯犯人、主张减刑轻罚的说法，朱熹反驳道：“今人说轻刑者，只是所犯之人为可怜，而不知被伤之人尤可念也。如动盗杀人者，人多为之求生，殊不念死者之为无辜；是知为盗贼计，而不为良民地也。”⑤正因为量刑定罚是另一种形式的公平，所以它极为

① 《荀子·王霸》。

② 《孟子·离娄上》。

③ 《荀子·王制》。

④ 《荀子·强国》。

⑤ 《朱子语类·论刑》。

严肃，一旦裁定，就必须实行。“凡作刑罚，轻无赦。刑者侀也，侀者成也，一成而不可变，故君子尽心焉。”[①]在量刑定罪时，一定要谨慎从事，使得刑罪相当，如此，才能树立起刑的威严性与威慑力。反之，则是对刑罚的辱没，而至政令不彰。“故刑当罪则威，不当罪则侮。”[②]

古代社会的刑罚时有变迁。据《尚书·尧典》记载，尧舜时期的刑罚为“象刑”，它是根据罪行而在犯人的衣物上画上特定的图案，将其标示为罪犯，通过侮辱人格达到惩罚目的。到夏商时期，象刑被破坏身体机能的肉刑代替。肉刑包括黥（刺面并着墨）、劓（割鼻）、刖（斩足）、宫（阉割）、大辟（死刑）五类。西周又增加赎（以金赎刑）、鞭（鞭挞）、扑（杖）、流（流放）四刑，与黥、劓、刖、宫、大辟统称为“西周九刑”。汉文帝以后，肉刑因残酷且对身体的伤害不可逆转而被逐渐停用。隋朝，以笞（用荆条鞭挞脊背或臀腿）、杖（用棍杖脊）、徒（关押）、流（流放）、死（绞刑和斩刑）为内容的封建五刑全面代替西周九刑而成为古代社会的主要刑罚。

古代刑罚看似针对的是罪犯的身体，事实上，它对精神与心理的伤害也极大。

受刑首先就意味着被宗族抛弃。儒家注重养生丧死。丧礼、祭礼是儒家礼仪中极为重要的一类，是对个体社会地位、家族地位的认可。受刑者被剥夺了服丧与祭祀的权

① 《礼记·王制》。

② 《荀子·君子》。

利。“孝者怕入刑辟，刻画身体，毁伤发肤，少德泊行，不戒慎之所致也。愧负刑辱，深自刻责，故不升墓祀于先。……刑残之人，不宜与祭供侍先人……缘先祖之意，见子孙被刑，恻怛憯伤，恐其临祀，不忍歆享，故不上墓。”①服刑之人由于自身品德有碍而被用刑，所以内心惭愧自责，无颜祭拜先人。先人如果见到子孙被刑罚，内心自然悲痛，因而不忍相见。此外，受刑者自身的丧葬事宜弃礼而行。“刑余罪人之丧，不得合族党，独属妻子，棺椁三寸，衣衾三领，不得饰棺，不得昼行，以昏殣，凡缘而往埋之，反无哭泣之节，无衰麻之服，无亲疏月数之等，各反其平，各复其始，已葬埋，若无丧者而止，夫是之谓至辱。”②受刑者之丧只能由妻子与孩子来简单处理，下葬时还需要在昏暗的夜晚，以避他人耳目，同时任何人都不得为其服丧。这对于极重礼仪的中国人来说，简直是人生最大的耻辱。儒家认为身体发肤受之父母，不能轻易损毁，一旦损毁就是大不孝，要被世人所唾弃，更何况受刑伤身。故而司马迁在遭受宫刑后认为自己“身残处秽”，并在给任少卿的信中写道：“故祸莫憯于欲利，悲莫痛于伤心，行莫丑于辱先，而诟莫大于宫刑。刑余之人，无所比数，非一世也，所从来远矣。”③其悲愤、自惭之心昭然可见。

受刑还意味着不容于社会。《礼记·王制》规定：“爵人于朝，与士共之。刑人于市，与众弃之。是故公家不畜刑

① 《论衡·四讳》。
② 《荀子·礼论》。
③ 《汉书·传·司马迁传》。

人，大夫弗养士，遇之涂弗与言也；屏之四方，唯其所之，不及以政，亦弗故生也。”犯人在街市被公开行刑，为民众所厌弃，被社会边缘化。他不能担任公职，也不能被贵族所养，甚至路遇他人都会被刻意忽略。可以说，在古代社会，一个人一旦被定罪用刑，便同时被家族与社会厌弃，失去了立足的可能，无所逃于天下。

刑罚，特别是肉刑对身体与心理的伤害不可扭转，故而量刑定罚时便要极为慎重。“子曰：听讼虽得其指，必哀矜之。死者不可复生，断者不可复续也。”[①]因而，朱子说：“天下事最大而不可轻者，无过于兵刑。”[②]天下事务中最需谨慎的就是兴兵以及用刑。量刑慎重需要注意以下三点：第一，量刑定罪要各级官府层层把关，最后诉诸于王，而不应由某一人独断专行。“成狱辞，史以狱成告于正，正听之。正以狱成告于大司寇，大司寇听之棘木之下。大司寇以狱之成告于王，王命三公参听之。三公以狱之成告于王，王三又，然后制刑。”[③]第二，审案时，一定要多方了解情况，收集足够的证据，才能定罪。“狱讼，面前分晓事易看。其情伪通，或旁无佐证，各执两说系人性命处，须契紧思量，犹有误用也。”[④]第三，应考虑当事人所处的现实环境，然后再进行裁定。“凡听五刑之讼，必原父子之亲、立君臣之义以权之。意论轻之序、慎测浅深之量以别之。悉其聪明、致其忠爱以

---

① （宋）薛据：《孔子集语·卷十·论政九》。

② 《朱子语类·论刑》。

③ 《礼记·王制》。

④ 《朱子语类·论刑》。

尽之。疑狱，泛与众共之；众疑，赦之。”[1]定罪首先要从当事人的父子之情、君臣之义进行权衡，看其是否不得以而为之；其次应对当事人的主观恶性以及行为后果的严重程度进行考量再行裁定；最后，如果遇到无法裁决的疑难诉讼，应该召集众人共同商讨，如果商讨也无定论，则应释放当事人。

在隋以前，肉刑大约主要针对平民百姓，所以《礼记·曲礼》有“刑不上大夫”之说。需要辨析的是，“刑不上大夫”并不意味着对大夫没有行为上的要求，只是说大夫根本不必用到刑罚。事实上，古代社会对于贵族士大夫的要求远远高于平民大众。大夫约之以礼，而平民约之以法。贵族行为有失时并不定之以罪，而是定之以失礼。贵族贪污受贿被称为“簠簋不饰”。祭祀有严格的礼制要求，作为簠簋祭祀中的重要器物，簠簋出现问题显然是严重事故。因而以簠簋不饰来定贪官污吏之违礼当为极重的责问。贵族士大夫作为道德典范，辜负了君主与民众的希望，犯此大错，失道丧德，君主也为之愧疚、羞耻。故大夫失礼无须定刑，应该自行请罪，甚至自裁。“刑不上大夫者，古之大夫有坐不廉污秽者，则曰‘簠簋不饰’；淫乱男女无别者，则曰‘帷薄不修’；罔上不忠者，则曰‘臣节未着’；罢软不胜任者，则曰‘下官不职’；干国之纪者，则曰‘行事不请’。此五者，大夫既自定有罪名矣，而犹不忍斥然正以呼之也。既而为之讳，所以愧耻之。是故大夫之罪，其在五刑之域者，闻而谴发，则白冠氂缨，盘水加剑，造乎阙而自请罪，君不使

① 《礼记·王制》。

有司执缚牵掣而加之也。其有大罪者，闻命则北面再拜，跪而自裁，君不使人捽引而刑杀之也。”[①]

总而言之，德是爱民如子，是通过教化之功使百姓自立立人。刑是对作恶之人的惩处，它不但可以使施暴之人得到应有的惩罚，抚慰受害者，同时也是对民众的警示，使他人不敢作恶。德有感召、教化之功，刑有惩戒、威慑之用。德从正面影响全体民众，防患于未然。刑面向作恶之人，关注已发恶行的处理，从反面警诫百姓。两者与礼法相济而国泰民安，是以“礼节民心，乐和民声，政以行之，刑以防之，礼乐刑政，四达而不悖，则王道备矣”[②]。

三、文官政治

（一）君相分立的文官系统

在君主专制的政治体系中，天子拥有无上的权威与绝对的权力。他的个人德行或决策能力如果出现问题必然会对国家、人民造成极大的伤害。面对这个隐忧，儒家提出了君权神授论，认为天会依据德行任免统治者。天成为监管、制约君权的外在神圣力量。“人君所畏惟天，若不畏天，何事不可为者！去乱亡无几矣。”[③]当然，对于君主而言，天是一种内心的敬畏与信仰，要真正限制君权还必须增加一些现实的

① 《通典·杂议上》。

② 《礼记·乐记》。

③ 《宋史·富弼传》。

力量。儒家挖掘并培养了知识分子高度的社会责任感，设计了由知识分子组成的文官政府，以制衡君权。

文官政府的领导者是丞相。在甲骨文中，“丞”写为[illegible]。从图形上来看，是两只手正在救助落在深坑里的人。《说文解字》释“丞”为“翊”，“从廾从卩从山。山高，奉承之意”。①段玉裁注释说：“凡高者在上，必竦手以承之。……翊也。翊当作翼。俗书以翊为翼。翼犹辅也。”②“相审视也。从目以木。”段玉裁注释：“按目接物曰相。故凡彼此交接皆曰相。其交接而扶助者，则为相瞽之相。”③“相”在早期有省视、仔细地看的意思，后来引申为以目接物，又引申为交接而扶助，即“帮助”之意。因而，从字面来看，“丞”“相”均有帮助、辅助之意。“丞相”合称，意为辅助君主主理国事的人。《新书·卷一·等齐》写道：“天子之相，号为丞相，黄金之印；诸侯之相，号为丞相，黄金之印，而尊无异等。”无论天子还是诸侯，帮助其处理国事的人都被称为丞相，授黄金之印，同等尊贵。

最早的丞相出现在春秋时期。据《史记·秦本纪》记载，秦武王二年（前309），“初置丞相，樗里疾、甘茂为左右丞相”。此后，丞相便一直存在于中国的官员系统，直到明朝才被完全废弃。此间，丞相之名时有更改，目前有记载的有“相国”“司徒”“大丞相”“宰相”“中书令”“中书门下平章事”等。

① 《说文解字·卷四·収部》。
② 《说文解字注·第三篇上·収部》。
③ 《说文解字注·第四篇上·目部》。

丞相既是君主的协助者，同时又是君权的制约者。《荀子·大略》明确提出："主道知人，臣道知事。"《荀子·君道》又进一步解释君相职责之分："君者，论一相，陈一法，明一指，以兼覆之，兼照之，以观其盛者也。"君主在治理国家时，只需把握大局，在理论层面进行指导。他最重要的治国任务就是选贤任能，识人善用。关于如何识人善用，荀子说："愿悫拘录，计数纤啬而无敢遗丧，是官人使吏之材也；修饬端正、尊法敬分而无倾侧之心，守职循业、不敢损益，可传世也，而不可使侵夺，是士大夫官师之材也；知隆礼义之为尊君也，知好士之为美名也，知爱民之为安国也，知有常法之为一俗也，知尚贤使能之为长功也，知务本禁末之为多材也，知无与下争小利之为便于事也，知明制度、权物称用之为不泥也，是卿相辅佐之材也，未及君道也。能论官此三材者而无失其次，是谓人主之道也。"①这段话是说诚实勤劳、细致拘谨的人可以做一般行政人员；谨守工作职责，加强自身修养的人可以做士大夫或群臣百官；能够把握全局，对现实制度理解深刻，又不拘泥于陈规，且心系百姓、国家的人就适合做卿相首辅。丞相是百官之首，他要总理所有行政事务，协调百官，考核官员的工作质量，然后根据考评结果对其进行任免。"相者，论列百官之长，要百事之听，以饰朝廷臣下百吏之分，度其功劳，论其庆赏，岁终奉其成功以效于君。当则可，不当则废。"②从以上材料我们不难看

① 《荀子·君道》。

② 《荀子·王霸》。

出，在儒家的制度设计中，君王拥有统治权，但具体处理行政事务的行政权则归属于以丞相为主的文官政府。

除处理行政事务外，文官还有一个极为重要的职责，那就是站在国家以及百姓的立场上，谏君、正君甚至抗君。“大臣父兄有能进言于君，用则可，不用则去，谓之谏；有能进言于君，用则可，不用则死，谓之争；有能比知同力，率群臣百吏而相与强君挢君，君虽不安，不能不听，遂以解国之大患，除国之大害，成于尊君安国，谓之辅；有能抗君之命，窃君之重，反君之事，以安国之危，除君之辱，功伐足以成国之大利，谓之拂。故谏、争、辅、拂之人，社稷之臣也，国君之宝也，明君所尊厚也，而暗主惑君以为己贼也。”[①]儒家把那些能够直面君主的错误、对抗君主错误决策的臣子视为国之肱股，把他们看作是社稷之福、百姓之福；而把那些不顾及国家利益、百姓利益而对君主曲逢迎合，甚至诱惑君主偏邪行事的人称为国贼、民贼。为了更好地匡正君主，儒家还主张在现实政治中专门设立言官职务。一般来说，言官中谏官的主要工作就是对君主的过失直言规劝并使其改正。

正是在这种观念的影响下，文官多以谏君为己任。历史上曾涌现出许许多多可歌可泣犯颜谏君的伟大人物，其中广为人知的是明朝嘉靖年间的海瑞。嘉靖皇帝沉迷道教，不理朝事。当时还是个七品官员的海瑞准备好自己的棺木，给嘉靖皇帝呈上了一本万言书，说：“陛下则锐精未久，妄念牵之而去矣。反刚明而错用之，谓长生可得，而一意玄修。富

① 《荀子·臣道》。

有四海，不曰民之脂膏在是也，而侈兴土木。二十余年不视朝，纲纪弛矣。数行推广事例，名爵滥矣。二王不相见，人以为薄于父子。以猜疑诽谤戮辱臣下，人以为薄于君臣。乐西苑而不返宫，人以为薄于夫妇。天下吏贪将弱，民不聊生，水旱靡时，盗贼滋炽。自陛下登极初年亦有这，而未甚也。”又说正是由于嘉靖无德，且只听顺言，才使得百官皆效法严嵩，贪欲无度却无心政事，国家上下混乱不堪；并请求嘉靖帝“持大纲、稽治要而责成焉。劳于求贤，逸于任用，如天运于上而四时六气各得其序，恭己无为之道也。……宗社幸甚，天下幸甚”①。这些尖锐的批评，今天读来仍有凛然之气。

文官政府的设计在宋朝得到了部分落实。北宋初期，新设中书门下。中书门下是国家行政总部，其长官称为同中书门下平章事，行丞相之职，参知政事则行副丞相之职。《宋史·职官》描述“（中书门下）佐天子、总百官、平庶政，事无不统”，又说“百官差除，从祖宗以来，中书门下同共进拟”②。然丞相职权虽大，但事事均需请示君王，且军事权及财权被枢密院、三司（盐铁司、度支司、户都司）分割。至神宗时期，为了缓解官员冗余、部门事权各不相知的弊病，中央废除了中书门下平章事，重新设立丞相一职，令其统领三省（指尚书省、中书省以及门下省三个中央最高行政机构），负责行政事务的最终决议，同时兼任枢密使，掌管军

① （明）海瑞：《治安疏》。

② 《宋史·刘黻传》。

事。[1]在唐宋制度中，君权的枢机是出令，但这个“令”从参试、封驳到施行则归属到三省，只有经过三省的层层审查，君王发出的“令”才取得合法性，可以向全国发布。[2]故宋人常说“人主之职论一相，一相之职论百官”[3]，又说“权归人主，政出中书”[4]。

朱熹撰写的《经筵留身面陈四事劄子》一文也许是表达相权对君权起到制衡作用的最佳代表作。在文章中，他一方面承认治天下的权源（制命）属于君王，但另一方面又强调百执事的职权（统称为相权）有独立自主性，即使是君主也不可以越位，使用或干预使用此职权。不但如此，朱熹还认为，即使是君主发出来的“制命”，最后仍当由大臣（丞相、参知政事、知枢密院）和“给舍”（门下给事中、中书舍人）反复讨论，以确定是否可以发布实施。这篇文章“可以看作朱熹用制度的语言来描述宋代君王和士大夫同治天下的格局。在这一描述下，君尊臣卑的距离显然已大为缩短了”[5]。从许多历史史实中，我们不难看出，以宰相为中心的文官政府设计，一方面能够规避君主错误决策可能对国家造成的危害，另一方面也限制了王权的无限扩张以及可能由此带来的集权危害。

---

① 参见张晋藩《中国古代监察制度史》，中国方正出版社2012年版，第144页。
② 参见郭齐勇《再论儒家政治哲学及其正义论》，载《孔子研究》2010年第6期。
③ 《宋宰辅编年录·卷九》。
④ 《宋史·洪咨夔传》。
⑤ 郭齐勇：《再论儒家政治哲学及其正义论》，载《孔子研究》2010年第6期。

（二）选贤任能的选拔制度

上文提到，文官是经由考核程序选拔出来的知识分子，也称“士”。儒家特别重视士在国家政治中的指导作用，早在先秦，子夏就提出“学而优则仕”。北宋大儒张载更是将“为天地立心，为生民立命，为往圣继绝学，为万世开太平”视为士子应毕生追求的目标。在儒学的熏陶和教育下，古代的知识分子大都具有强烈的社会责任感与担当意识。这种责任感在某种程度上表现在积极进入社会政治领域，为百姓发声。

面对数量如此庞大的致力于投身国家政治的儒生群体，要选择怎样的人才？要如何选择人才？儒家认为应该选择德才兼备的贤人。“尊贤使能，俊杰在位，则天下之士皆悦，而愿立于其朝。土地辟，田野治，养老尊贤，俊杰在位，则有庆”。①贤人的贡献不仅在于吸引更多德才兼备之士为国效力，还在于他们能够切实施行王道，使其不废。“其人存，则其政举；其人亡，则其政息”。②“夫举贤者，百福之宗也，而神明之主也。”③孔子认为舜之所以能够治理天下，得到百姓的爱戴，正是由于五位贤臣的尽心辅佐。④

治政人才如此重要，故而对于人才的选拔与评价，儒家显得极为谨慎。孔子认为评价一个人人称赞的好人时，应该

① 《孟子·公孙丑上》。
② 《礼记·中庸》。
③ 《说苑·政理》。
④ 参见《论语·泰伯》。

对他作进一步深入观察、查访，而不能草率视之。子贡问孔子：“乡人皆好之，何如？”孔子说：“未可也。不如乡人之善者好之，其不善者恶之。”[①]对于人才的评价，孔子主张应“视其所以，观其所由，察其所安”[②]。孟子在此基础上提出了更为具体的选拔办法，“左右皆曰贤，未可也；诸大夫皆曰贤，未可也；国人皆曰贤，然后察之；见贤焉，然后用之”[③]。

儒家选贤任能的观念对我国历代政府的选官制度产生了巨大影响。就历史记录来看，我国古代的人才选拔制度主要有“察举制”“九品中正制”，以及自隋唐以后被广泛采用的“科举制度”。三种制度虽然在方法上有差别，但其核心都是考察士子的德行与能力。

察举制是两汉时期选用官吏的主要途径之一。它首先由地方官员网罗被乡里舆论盛赞的人才，将其推荐至更高一级政府。然后政府会根据君主诏令所规定的科目拟出政治、经济、军事、文化等方面的问题，通过“策问”的方式考察选荐人才的行政能力，为其分配岗位。这一选官制度从德行与行政能力两方面考察人才，避免了有才无德、有德无才情况的出现，显得较为科学。据史料记载，在西汉时期，汉文帝就曾下达诏令，要选拔“明于国家大体，通于人事之始终及能直言极谏者”[④]。到汉武帝时期，在董仲舒的建议下，察

① 《论语·子路》。
② 《论语·为政》。
③ 《孟子·梁惠王》。
④ 《汉书·晁错传》。

举制度被缩减为孝、廉两科，即孝子廉吏。“孝”指的是孝悌之道，主要考察个人德行；“廉”指的是廉洁清正，主要考察官吏的行政能力。两者并称为“孝廉”。后来也把这种考察方式称为“举孝廉”。以“举孝廉”为代表的察举制，不以血统、门第论人才，故能从寒微中选拔出真正有才德的人，让他们参与政治，发挥才干。汉代许多名臣，出身都不算高贵，如主父偃和朱买臣家境贫寒，卜式以牧羊为生，桑弘羊乃是商贾子弟，卫青、金日磾分别是奴隶和俘虏。然而正是他们，造就了汉代的兴隆，故史称“汉之得人，于兹为盛”[①]。这不能不归功于察举制以及任人唯贤所带来的巨大突破。

九品中正制是对察举制的改良，广泛流行于魏晋南北朝时期。其内容主要是在中央选择极懂识人的官员，兼任其籍贯所在地的“中正官”，察访本地士子。“中正官”根据士子的家世、德行和才能，对其进行等级评价。等级又称为“品”，品共分为九等，即上上、上中、上下、中上、中中、中下、下上、下中、下下。然后写出概括性评语，称为“状”。最后合成“品状”上报中央政府。中央政府在选拔官员时，主要依据中正官对士人评定的品级来授予相应官职。无论是察举制还是九品中正制在初始阶段都取得了极为显著的效果，但是随着时间的推移，这两种制度都过于依赖考官个人的主观意愿与判断，在实施过程中被加入许多人为因素，使得选士结果变成“任人唯亲”，其缺陷越来越凸显，已经无法满足国家

① 《汉书·公孙弘卜式兒宽传》。

对人才的需求。

在九品中正制基础上发展而来的科举制度则能较有效地解决这一问题。科举制度由隋炀帝初创，唐代被确立，两宋期间不断完备，最后兴盛于明清，直到清末引入现代学校制度后才被彻底废弃。它与以往制度最大的区别在于，以往制度都以主管官员的推荐作为选拔关键，故又称“荐举”；而科举则采用统一考试，以考试成绩作为选士的基本依据，所以考试是科举的核心。

士子们通过学习儒家经典参加科举考试的流程与我国现代教育制度极为相似。他们也要经过多次考试，层层筛选，最后通过殿试获得进士资格，才有入仕机会。首先，士子们要参加由提学官主持的童生试，取得生员资格后进入府学、州学、县学进行学习。苦读三年参加在省城举办的乡试（秋闱），获得举人头衔。如果考得第一名，就被尊称为“解元”。如此，再过三年，举子们要参加在京城举行的会试（春闱）。这次考试规模宏大，由礼部主持，正、副主考官由皇帝直接任命。考试录取三百名举子，称为“贡士”，第一名尊称“会元”。最后进行的也是最高级别的考试是殿试。殿试由皇帝主持，他在大殿对会试录取的贡生亲自策问，以定名次。录取分为三甲：一甲有三名，称“进士及第”，第一名为“状元”（鼎元），第二名为“榜眼”，第三名为“探花”；二甲有若干名，称“进士出身”；三甲也有若干名，称“同进士出身”。二甲、三甲第一名皆称“传胪”，一甲、二甲、三甲统称“进士”。如果乡试、会试以及殿试均取得第一，集解元、会员、状员于一身，就称“三元及第”。“三元及第”对儒生而言是在学业成就上的最高褒奖，也是人生履历中最辉煌的经历之一，正所谓“一举成名天下知”①。

科举制度常态化为平民进入政治领域大开方便之门，也为执政阶层输入了新鲜血液，使其能够保持旺盛的生命力。同时，它也使得我国古代的执政政府始终不曾完全脱离百姓，脱离世俗生活。与举孝廉、九品中正制相比，科举制度秉承“至公”理念，摒除了贵贱、门第等先天因素，专从学识、能力上考量人才，显得更为客观、科学。科举中关于糊名、誊录、亲属回避等规定也在一定程度上规避了徇私舞弊、假公济私现象的出现。

历史上，许多善于治国安邦的名臣、名相，有杰出贡献的政治家、思想家、文学家、艺术家、科学家、外交家、军事家都出自科举。他们或为官清廉，爱民若子；或潜心学问，不畏贫苦，给我们留下了光辉而温暖的历史记忆。最值得注意的是他们坚守内在道德，不畏强权、为民执言的人格品质。有一个荡气回肠的例子发生在南宋宝祐年间，故事的主角是文天祥。文天祥自幼熟读儒家经典，二十一岁时即通过科举考试取为一甲头名。进入政府后，面对蒙元的虎视眈眈，他数度向君主谏言进行政治改革、扩充兵力、抗元救国。当得知元军攻入中原，占领鄂州后，文天祥毁家纾难组建了一支以农民为主的抗元义军奋起反抗。不幸被俘后，他写下“人生自古谁无死，留取丹心照汗青”的千古名句，实

① 《归潜志》卷七。

现了舍生取义的理想，慷慨就义。

以科举制度为代表的选贤任能制度极大地拓宽了取士范围，给予平民阶层参与社会政治的平等机会，同时也确保了国家治理能够有条不紊且始终处于儒家的德性观照之下。

（三）正反相成的监管机制

杜维明在深入考察中国士人特质后指出："在儒家传统中，关心政治、参与社会及对文化的关注，是读书人最鲜明的特征。中国的'士大夫'……不仅仅致力于自身的修养，而且担负着齐家、治国乃至平天下的重任。一句话，他们身处其位，就具有凭其权力与声望维护社会秩序的责任。他们都具有这样一个信念，即要改善人类的生活条件并且更有效地实现天下繁庶的大同理想。"[①]正是基于这种强烈的社会责任感，士大夫们积极推进、完善文官政府的建设。考核与监察制度的确立就是文官政府发展历程中极为成功的例子。

考核与监察是文官政府的自新机制。前者是对官员行政能力、为政功绩、德性操守的考察，后者则是对君王与百官违法乱纪行为的监督，两者都时时警醒官员们为政要以民为本、为民谋利，在制度层面避免了官员尸位素餐、腐化堕落的情况出现。

秦汉时期，官员考核制度即已确立。《后汉书·百官志》明确记载了当时存在的官员考核制度："每选试博士，

① 郭齐勇、郑文龙编：《杜维明文集》第五卷，武汉出版社2002年版，第601页。

奏其能否”，光禄勋考核郎官时，“考其德行而进退之”。汉宣帝时“丞相以下各奉职奏事，以傅奏其言，考试功能”。这种依据官员政绩和操行进行考核，实行奖惩及任免的制度能够有效激励官员恪尽职守，保证了政府的行政效率。

一般来说，官员的考核由丞相主持，考核内容在不同时代均有变动。以汉代考核为例，汉代已经发展出灵活的分类考核标准，它依据不同职位的具体要求设定了与此相应的考核内容。汉代考核，大致包括三项：第一项为治平，也就是官员所辖范围内是否政通人和，政治清明，比如有无盗贼情况等；第二项是治行，也就是官员个人的操守、德行；最后一项叫行能，指的是官员个人的行政能力。在内蒙古居延地区发现的汉代竹简明确记录了一条有关行能的考核结果是“能书会计治官民颇知律令文”①。

考核从地方行政系统以及国家各专项工作系统同时展开。地方行政系统的考核，均由各郡县的最高行政长官组织，定期按中央公布的考核要求逐级进行，评价各级官员的任职情况。在这一大框架下，地方各级官员的具体考核过程，大致以“簿籍”（官员们自行上报的个人工作总结及以往定期上报的各种工作记录）逐级审核及上报为中心渐次展开。国家专门工作系统的考核同样由主管此项工作的官员分头主持，按法定统属关系逐级展开。

待全国各级官员考核结束后，结果要汇总给丞相。丞相在御史大夫的监督、配合下，依据报送材料，评估官员

① 陈直：《居延简研究》，天津古籍出版社1986年版，第30页。

的政绩、德行，定其赏罚。最后报送君王，听候君主裁处。[①]

与面向全体官员，定期检查其是否恪尽职守的考核制度不同，监察制度主要针对君王、官员、豪绅的违法乱纪行为[②]，大到渎职误国、收受贿赂、欺凌百姓之事，小到内闱不修、狎妓之事等无所不包，一旦发现立即进行弹劾。在宋朝，行使监察职责的主要机构是御史台。御史台下分设台院、殿院及察院三个部门，分别负责处理台务、纠查百官失仪行为以及监察六部和各行政司法部门的违法渎职行为。到真宗期间，监察御使甚至兼任谏官之职，承担谏正君主与百官的重要工作。石介在《上孔中丞书》中写道："君有佚豫失德，悖乱亡道，荒政弗谏，废忠慢贤，御史府得以谏责之；相有依违顺旨，蔽上罔下，贪宠忘谏，专福作威，御史府得以纠绳之；将有骄悍不顺，恃武肆害，玩兵弃战，暴刑毒民，御史府得以举劾之。君，至尊也，相与将，至贵也，且得谏责纠劾，余可知也。"[③]为了规范御使职权，两宋期间颁布了多部监察法令。如真宗时期的《御史台仪制》、徽宗时期的《崇宁重修御史台令》、孝宗时期的《重修淳熙编御史弹奏格》等。制度的完善能够有效保证御使工作的开展，御使的监察与弹劾又保证了君王与百官能够兢于政务，使宋代庞大的官僚体系得以良性运转。

① 参见楼劲、刘光华《中国古代文官制度》，中华书局2009年版，第247—249页。

② 此处监察制度主要指该制度发展较为完备的两宋。真宗时期，发布诏令"监察兼言事"，令监察御使兼领言谏之责，御使台与谏院呈现合一的趋势。针对君王与文武百官的言事谏正也就成为御史台的重要工作职责。参见张晋藩《中国古代监察制度史》，中国方正出版社2012年版，第153页。

③ 《徂徕石先生文集·上孔中丞书》。

除设有御史台监察朝堂外，两宋还在各路设置转运司、提点刑狱司、提举常平司三监司负责部分政务以及监察地方官员。《宋史·职官七》中记载了提点刑狱司的职责："掌察所部之狱讼而平其曲直，所至审问囚徒，详复案牍，凡禁系淹延而不决，盗窃逋窜而不获，皆劾以闻，及举刺官吏之事。"为了指导、规范监司的出巡监察工作，两宋还制定了极为完备、细致的出巡监察制度，规定了各监司的监察范围、出巡频率等。为了防止监司出巡期间骚扰百姓、勾结地方官员，出巡监察制度甚至对监司的随从人数、每地停留时间以及接待标准等都作了明确的规定。《宋会要辑稿·职官四十五》写道："监司巡历，不得过数将带人吏于州县乞觅，计赃坐罪。其以白状借请州县钱者，准盗论"，"辄赴州、县筵会及收受上下马供馈者，各徒二年"。除监司外，宋朝还专门设置了走马承受公事与通判二职进一步加强对地方官员的监察。

对于监察人员的选拔，两宋君臣均极为慎重。监察人员必须从进士中选拔，仁宗时还规定"必用忠厚、淳直、通明治体之人，以革浇薄之弊"①。司马光提出："择言事官以三事为先，第一不爱富贵，次则重惜名节，次则晓知治体。"②

无疑，两宋时期的监察制度无论从机构设置、制度保障还是人才配备上都已极为完善。也正是得益于此，宋代涌现出一大批敢于直言、勇于担责的监察官员。他们的高效工作对于匡正官纪、提高行政效率起到了积极作用，保

① 《宋会要辑稿·职官十七》。

② 《文献通考》卷五十。

证了两宋时期庞大冗余的官僚系统得以良好运转，也为宋代政治、经济的繁荣和社会的稳定打下了基石。

考核和监察从奖惩两个不同的方面共同构成儒家文官政府的自新机制，两者相辅相成，互为补充。如前所述，考核机制以长官主导、定期进行的方式对全体官员在规定任期内的任职情况给予综合评价，施与相应的奖励。它能够有效促进官员间的良性竞争，激励官员以民为本，恪尽职守。但是显然，动辄全国上下共同参与的考核制度较依赖于各部门间的协调合作、官员的自律意识。同时，定期举行的方式也不利于对某些极端情况作出快速反应，无法防患于未然。考核制度存在的弊病正是监察制度的优势所在。监察制度主要由中央政府委派的监察官员执行，几乎不涉及部门间的协同合作，直接对中央负责，随时向君王弹劾，具有较高效率。此外，仅从对象来看，监察的范围更广，从君王到无品小吏，从王公贵胄到地方豪绅无所不包。如果说考核是积极的，那么监察就是从消极方面对官员行为进行规范。在文官政府中，考核与监察共同构成了官员监督网络，保证国家机构的正常运行。

四、天下大同

（一）全民参与的社会自治

传统中国是儒家式的社会，是小政府大社会的典型。这与知识分子积极参与社会自治密不可分。儒家强调知识分子在社会政治中的指导作用，甚至提出士大夫与君王共治天下的主张。徐复观先生指出："传统的、很严正的中国知识分子，在人生上总是采取忧以天下，乐以天下的态度。齐家、治国、平天下，在中国知识分子的人生观中，认为这是修身所要达到的目的；亦即是认为家、国、天下与自己之一身，有不可分的关系，因而对之负有连带的责任感。"①

儒生的社会责任感表现在直接参政，进入文官政府，亲身处理国家日常事务，以及对君主的廷争面折中；也表现在代表老百姓的诉求，反映人民心声，伸张人民权益，向统治者积极建言，为广开言路而抗争中。②同样表现在身处乡野社会，积极参与社会建设，广泛传播儒学思想，致力于化民成俗中。

宋代以后，许多地方鸿儒怀抱化民成俗的社会理想，以"己立立人，己达达人"的情怀，积极组织定立一些乡邻皆需共同遵守的约定，也叫"乡约"。其内容多是敬老恤孤、患难相恤、温恭礼让、友爱互助，充满了儒家的济世情怀，可称得上是儒家思想的乡里践行。从惠民角度来看，它也是民间社会为对抗灾荒、帮助弱势者制定的一种自发救助制度，是民间自治的表现。所谓"官为民计，不若民之自为计，故守以民而不守以官，城之专为备，不若乡之多为备，故储于乡而不储于城"③。

一般来说，乡约都是由地方上推举出来的德高望重者来

① 徐复观：《中国知识分子精神》，华东师范大学出版社2004年版，第5页。

② 参见郭齐勇《再论儒家政治哲学及其正义论》，载《孔子研究》2010年第6期。

③ 《清史稿·食货二》。

主持定立的，然后通过自愿加入的原则将乡民们组织起来，按照约定进行集会、赏罚、管理等。有记载的最早的乡约，是“蓝田四吕”吕大忠、吕大钧、吕大临、吕大防于北宋神宗熙宁九年（1076）所制定的《吕氏乡约》。约规大致有四项内容：德业相劝、过失相规、礼俗相交、患难相恤。其中患难相恤是典型的民间自发的相互救助，包括水火、盗贼、疾病、死丧、孤弱、诬枉和贫乏七项。面对灾病，由本人、乡邻或知情者告诉乡约主事或同约乡亲，再由主事主持救助。救助的办法按所受灾难的不同而有具体措施。如遇水火之灾“小则遣人救之，大则亲往，多率人救之，并吊之”。遇上盗贼之祸“居之近者同力捕之。力不能捕，则告于同约者及白于官司，尽力防捕之”。有疾病之灾的“小则遣人问之。稍甚，则亲为博访医药。贫无资者，助其养疾之费”[①]。《吕氏乡约》是一种颇为有效的组织形式，它对民众进行教育和约束，起到了扬善抑恶、移风易俗的作用，极大地促进了当地民间社会的和谐稳定。

除乡约外，我国传统社会各行业也自发形成了商会、帮会等民间团体，并制定了相应的规章制度。正是这一个个稳定、自治的小团体将整个中国社会化整为零，实现了政府官治与民间自治的无缝衔接，保障了社会的稳定与和谐。“所以在中国古代，由民事纠纷而向官府提请诉讼的情况并不多见，一般的民事纠纷在乡约及行会内部就能够以双方都能接受的和平方式进行解决。打官司对中国百姓来说是一件可羞之事。

① 《蓝田吕氏遗著辑·吕氏乡约乡义》。

中国是一个礼治社会，长期的耳濡目染已经使得人们把外在的规则（礼）内化为一种习惯。所以知礼是每个人的责任，如果不知礼那就是撒野，是没有规矩，是个道德问题，不是个好人，好人一定是知礼、懂礼的。所以生活在乡土社会的中国人倾其一生都渴望得到一个知礼的评价，得到一个好名声，如果没有好名声简直比死了还难受。”[①]这就是我们常说的“要面子”“怕丢脸面”。特别是《孝经》的出现更是在实质上助推了这一心理倾向。《孝经》明确提出名声的重要性，认为子女之孝不仅是事父事母，更是修身立名，扬名显亲。当然一个人只有德行才干全面深厚，其名声才可能美好。如果不注重修养身心，却企图捞取好名声，这就好比本身相貌丑陋却要求照镜子要漂亮一样可笑。

大儒颜之推说，现在社会上有三种人，这三种人对于名声的态度是不一样的：上士忘名，忘名的人体察事物发展的规律，言行符合道德的规范，他们享受鬼神的福佑，所以用不着去求取名声；中士立名，立名的人修养身心，谨慎行事，他们担心自己的荣誉不能显扬，所以对于该得的名声绝不放弃；下士窃名，窃名的人貌似忠厚，心怀大奸，他们猎取浮华的虚名，因而是不会得到好名声的。[②]所以作为中人之资的普通人就应该修身养性以立其名。人人知礼，人人有贤名，这样的社会当然是民风淳厚、稳定祥和的。但值得注意的是，过于强调外在的礼，忽略了内在的直，就有可能造就

① 费孝通：《乡土中国》，人民出版社2008年版，第58—65页。

② 参见钱国旗《血脉传承与扬名显亲——论〈颜氏家训〉的齐家之道》，载《孔子研究》2007年第4期。

伪君子，也就是孔子所说的“乡愿”。他们表面懂礼，八面玲珑，实质上沽名钓誉，没有原则，毫无道德可言，是“德之贼”也。这显然有违儒家提倡修身立名的初衷。

历史上还有儒者按照儒家社会理想开展乡村建设实践，如范仲淹父子筹设的范氏义庄，以公田赡养宗族贫困成员，延续了八百余年，被称为慈善史上的奇迹。哥伦比亚大学东亚系创立的故事，或许有助于我们了解儒学化民成俗的伟大力量。该系的创立与一位普通华人劳工丁龙（音译，英文写作Dean Lung）有关。19世纪60年代，贺拉斯·沃波尔·卡本蒂埃（Horace Walpole Carpentier）[①]曾聘请丁龙担任管家。卡本蒂埃脾气不好，有一天他无端指责丁龙，并要辞退他。第二天怒火消退后，卡本蒂埃很后悔，却意外地发现丁龙像往常一样给他端来了早餐。卡本蒂埃问丁龙为什么没有离开，丁龙回答说：“虽然你确实脾气很坏，但我认为你毕竟是个好人。孔子说过，‘受人之托，忠人之事’，我是按照这一教导行事的。”这一回答让卡本蒂埃深受感动，也让他知道了在两千多年前，世界的东方有一个哲人叫孔夫子。大约在1889年，丁龙已经老了，他向卡本蒂埃请辞。卡本蒂埃很是不舍，提出愿意倾其所能，帮丁龙做点什么。丁龙提出，愿意用自己的终身积蓄12000美元，在美国著名大学设立一个汉学系，以促进美国对中华传统文化的了解。卡本蒂埃信守了承诺，帮助丁龙将这笔款项捐给了哥伦比亚大学，自己又先

① 贺拉斯·沃波尔·卡本蒂埃（Horace Walpole Carpentier），美国奥克兰市的创市市长，加利福尼亚州民兵少将，哥伦比亚大学董事，曾主持修建了横贯美洲大陆的电报线的西部部分、贯穿全美的铁路大干线加州部分等。

后捐款超过20万美元，使哥伦比亚大学建成了美国最早的汉学系。而他唯一的要求，就是在汉学系中设立一个讲座，并且一定要用丁龙的名字命名。在写给哥伦比亚大学校长的信中，卡本蒂埃这样评价丁龙："这是一个罕有的表里一致、中庸有度、虑事周全、勇敢且仁慈的人，谨谨慎慎，克勤克俭。在天性和后天教育上，他是孔子的信徒……"时至今日，哥伦比亚大学汉学系和"丁龙讲座教授"仍是全美最知名的汉学研究重镇。而这一切，正是由丁龙，一个普通中国人所受的教化和所持的信仰所促成的。①

我国乡村宗法社会绵延多年，繁荣而稳定。老百姓面对天灾人祸，能积极组织自救；遭遇异族入侵，文化仍然传承不息……凡此种种，无不与儒士强烈的社会责任感与担当意识相关。儒士立己立人，积极入世，为匡正国家社稷、维护百姓利益、维护社会稳定作出了巨大的努力。他们在平衡政权力量的同时起到了抑制豪强、教化民众、安顿民心以及赈灾济贫、对抗恶法等积极作用。荀子说"儒者在本朝则美政，在下位则美俗"②实是对儒士最贴切的褒奖。

（二）超越国界的大同思想

"大同"一词出自《礼运·大同》篇："大道之行也，天下为公。选贤与能，讲信修睦。故人不独亲其亲，不独子其

① 参见王海龙《哥大与现代中国》，上海文艺出版社2000年版，第14—15页。

② 《荀子·儒效》。

子。使老有所终，壮有所用，幼有所长，鳏寡孤独废疾者，皆有所养。男有分，女有归。货恶其弃于地也，不必藏于己，力恶其不出于身也，不必为己。是故谋闭而不兴，盗窃乱贼而不作。故外户而不闭，是谓大同。”所谓“大同”，天下为人民所公有，选择贤能的人而把领袖的地位传给他，人与人之间讲信用而和睦相处。因此，人们不只爱自己的双亲，不只是抚养自己的子女，而是使老年人得到终养，壮年人有用武之地，幼童能得到照顾；男子都有自己的职业，女子都能适时婚嫁；嫌恶财物被糟蹋浪费，但并不必为自己所有；嫌恶有力气偷懒不用，但并不必为自己服务。因此，阴谋诡计被扼制而不得施展，盗窃和乱臣贼子不会产生，外出可以不用关门——这就是理想的大同社会。

从人体生命的一体性和家族家庭的亲和性出发，儒学将世界视作一个整体，命名曰“天下”。“他们常有一个‘天下观念’超乎于国家观念之上。他们常愿超越国家的疆界，来行道于天下，来求天下太平。”[①]以“天下”而非“国”为出发点，这是先预设了政治权力与文化影响所能囊括的最大的地理空间，从一开始便不是分别的、扩张的世界观。因此儒家的政治思想，一直抱有超越国界、地域、国家、民族（或族群）的理想。不以个人之乐利为中心，也不仅仅以本国之强盛为中心，而是强调地域、国家、民族之间的共生共荣、讲信修睦、协和万邦；更进一步视天下为一个整体，形成“天下一家”的文化观，致力于谋求天下百姓的整体福祉。

① 钱穆：《中国文化史导论》，商务印书馆1994年版，第48页。

中国古人的“天下”观，在融合过程中比较容易超越狭隘的民族与国家的界限。中原与周边、农业民族与游牧民族、国家间、文化间、观念间有冲突、排斥与战乱，但总体趋势是不断整合与融会，相互学习与补充，不断扩大。中华历史、民族、文化的融合有一个漫长的过程，其间形成了人的族群间、文化间、语言间的沟通融合，在观念上形成“协合万邦”“天下一家”“中国一人”的文化理想。中国文化也以“人文”为中心，它消化、吸收不同的宗教、文化，形成新的文化。这一文化比较平易合理，平和而有理性，不走向偏激与迷狂。所以我们没有“十字军东征”那样的惨剧。相对于西方民族而言，中华民族的性格比较看重和合性而不是分别性，比较强调和平而不是斗争。中国人喜欢讲“和”“合”“通”“统”“会”。古代中华各民族人民通过陆上丝绸之路和海上瓷器之路与外域的各国各民族人民有着广泛的交往，从来没有采用暴力侵略、强力占领、殖民的方式，而是采用和平友好的方式，这与我们的文化与民族性格有关。

儒学天下观深刻地影响了中国历代的民族和亲与睦邻友好政策，赋予了中国作为中央之国的泱泱气度。

中国古代以“和”为最高价值。孔子弟子有若说：“礼之用，和为贵。先王之道斯为美，小大由之。”[①]礼使社会秩序化，乐使社会和谐化，在儒家的政治思想中，要以礼乐制度来节制人们的行为，调和各种冲突，协调人际关系，使人

① 《论语·学而》。

事处理恰到好处。孔子亦说："君子和而不同，小人同而不和。"[①]这句话区别了"和"与"同"。

据《国语·郑语》记载，周太史史伯对桓公说："夫和实生物，同则不继。以他平他谓之和，故能丰长而物归之。若以同裨同，尽乃弃矣。故先王以土与金木水火杂，以成百物。"史伯指出，"和"指的是多种多样的事物聚集在一起而达到平衡，这种有差异的多样性的统一，是产生新事物、万物生长繁衍的条件。而"同"只是相同的事物相加，缺乏多元发展，是不能产生新事物的。

春秋时齐国晏子也强调去"同"取"和"，他以君臣关系为例说："君所谓可，而有否焉，臣献其否，以成其可；君所谓否，而有可焉，臣献其可，以去其否。是以政平而不干，民无争心。……先王之济五味，和五声也，以平其心，成其政也。……君子听之，以平其心，心平德和……以水济水，谁能食之？若琴瑟之专一，谁能听之？同之不可也如是。"[②]在政事上，君主要能接受并兼容不同的意见，才能得出正确的判断，作出恰当的决策。

又如《易传》中的"大和"观念，"乾道变化，备正性命，保舍大和，乃利贞。"[③]这里所谓"大和"指自然界万物并存共育的景况。《中庸》云："万物并育而不相害，道并行而不相悖。"这正是儒家所构想的"大和"景象。

世界不可能单一化、同质化。就像人需要不同的声音、

① 《论语·子路》。

② 《左传·昭公二十年》。

③ 《乾·彖传》。

不同的颜色、不同的味道，需要丰富多彩的物质生活和精神生活，健康的社会也需要不同的意见、不同的力量、不同的文化。而在此之上并存共处、以他平他、相互制约、相辅相成、相济相生，在差异中取得统一，在动态中寻求平衡，才能促进社会健康并有活力。

儒学尊重国家间的差异，提倡和而不同、和实生物。一方面，先进的中华文化经过传播，促进了周边国家的文明发展，唐代摩肩接踵的遣唐使和历史上绵延不绝的朝贡体系即对此给予了充分的事实说明；另一方面，中华文明也在文化交流中积极吸收异质文化的优长以补己短，如两宋时期，理学以儒学为主干，集儒、释、道三家之大成而成为中国文化发展的第二个高峰。

和而不同既表现在海纳百川的多元文化共存上，同时，也包含了不盲目附和，具有自己的独立见解，在异质文化的冲荡中始终不会丧失自我，坚守民族文化的本位。钱穆先生说："其实中国民族常在不断吸收、不断融合和不断扩大与更新中。但同时他的主干大流，永远存在，而且极明显地存在，并不为他继续不断地所容纳的新流所吞灭或冲散。我们可以说，中国民族是禀有坚强的持续性，而同时又具有伟大的同化力的，这大半要归功于其民族之德性与其文化之内涵。"[①]在文化融合的历程中，"和"不是和稀泥，也不是不加分辨地全盘吸收，而是在"中""正""中和""太和""保和"等理念的指导下，形成中华民族的向心力、凝聚力和共同

① 钱穆：《民族与文化》，台北：东大图书公司1989年版，第23页。

的信仰信念，从而以蓬勃的气象去维系与协调不同族群、不同宗教文化。所以在历史发展的过程中，中华民族、中国文化才可以形成多元的统一体。并且，也只有坚持以“和而不同”的态度对待自身的传统文化，对待其他民族、国家、地域的文化，对待现代社会多元的文化观念和价值取向，中华文化才能更好地展现出活力和创造力，更新自身，创造出适应现代社会生活的新文化，为人类文明的发展做出新的贡献。

第四章　儒学教育论

儒学教育论，即儒学有关教育的观点、见解和主张。儒家特别重视文教，并塑造了中华民族重视教育、尊师重道的民族性格。

教育是儒家仁学精神的体现。在孔子那里，教育是“己欲立而立人，己欲达而达人”[①]“仁者爱人”[②]的仁学精神的具体表达。他说：“爱之，能勿劳乎？忠焉，能勿诲乎？”[③]个人的完善是人所共同希望的，以忠恕、爱人为内涵的仁学，必然要求教育人、勉励人获得教育。孔子终身从事教育这一事实，就反映了他仁学的根本主张。孔子的弟子子贡称道自己的老师说：“学不厌，智也。教不倦，仁也。”[④]这正是以教育人为仁。

教育是儒家经世的重要方式。在儒家看来，教育是人之本、国之基，所谓“玉不琢不成器，人不学不知道。是故古之王者建国君民，教学为先”[⑤]。无论在朝在野，儒家学者总

---

① 《论语·雍也》。

② 《论语·颜渊》。

③ 《论语·宪问》。

④ 《孟子·公孙丑上》。

⑤ （汉）郑玄注，（唐）孔颖达疏：《礼记正义·学记》，载《十三经注疏》整理本，第1225页。

是积极地劝学、办学、讲学，力图通过教育，培养能担当时代使命和历史重任的君子，淳化社会风气，维系世道人心，建设良好的社会政治秩序。“立足于文化教育事业而积极干政”①，因而成为儒家学派的重要特征。

历史上，包括孔子在内的历代儒家学者在亲身实践中不断丰富、完善儒学教育思想，最终形成了一个完备、周密的系统。本章将从教育的目的与对象、内容与方法、官学与私学三个方面介绍儒学教育论。

一、目的与对象

（一）成德之教

儒学教育论有两个方面的目标。就个体而论，儒家以培养修己安人、修己治人的君子为教育的首要目的。就社会政治而论，儒家以教育为立国之基、为政之本，并以建设良好的社会政治秩序为教育的最终目的。两个目标又具有内在的相通性，可以统称为“成德之教”。

1. 学以为君子

教育以培养君子人格、成就完善的人为主要目标。孔子及后来儒家所提倡的教育，都是以成就君子之德为旨归的。孔子最先将君子理想与教育联系起来：“子曰：‘君子博学

① 孙培青、李国钧主编：《中国教育思想史》，华东师范大学出版社1995年版，第34页。

于文，约之以礼，亦可以弗畔矣夫！’”[①]儒家以“不叛道”为君子的根本定义，并认为只有通过“博学于先王之遗文，复用礼以自捡约”[②]才能达到这一目的。不经历教育，则难以培育理想中的君子人格。孔子教育自己的儿子说，“不学诗，无以言”，“不学礼，无以立”[③]。不学诗、不学礼，无法在周旋应对中做到从容中礼，就会有“叛道”的危险，也就说不上君子了。即使人有天生的美材，不经过学习，也会在实践中产生“六蔽”：“好仁不好学，其蔽也愚；好知不好学，其蔽也荡；好信不好学，其蔽也贼；好直不好学，其蔽也绞；好勇不好学，其蔽也乱；好刚不好学，其蔽也狂。”[④]“蔽”，就是“蔽塞不自见其过”[⑤]。从这个意义上讲，教育就是培养君子人格、成就完善的人的唯一途径。

后来的儒家学者，莫不继承孔子“学以为君子”的教育思想。如孟子教学，就以“大丈夫”为鹄的，以“明人伦”为主要的教学目的：“教以人伦：父子有亲，君臣有义，夫妇有别，长幼有序，朋友有信”[⑥]。荀子提出了“化性起伪”的主张，视后天教育为作圣成贤的重要途径：“性者，本始材朴也；伪者，文理隆盛也。无性则伪之无所加；无伪则性不能自美。性伪合，然后成圣人之名，一天下之功于是就也。”[⑦]

① 《论语·雍也》，又见《论语·颜渊》。
② （魏）何晏注，（宋）邢昺疏：《论语注疏》，载《十三经注疏》整理本，第90页。
③ 《论语·季氏》。
④ 《论语·阳货》。
⑤ （魏）何晏注，（宋）邢昺疏：《论语注疏》，载《十三经注疏》整理本，第269页。
⑥ 《孟子·滕文公上》。
⑦ 《荀子·礼论》。

宋代大儒朱熹解释《论语》中“三年学，不至于穀，不易得也”时说，“为学之久，而不知求禄，如此之人，不易得也”[①]，也是主张要抛开求穀、干禄的功利目的，而以道德修养和人格境界的提升为学习的目的。

2. 以教促政

儒家将教育教化看作为政之本。在儒家看来，政治就其本质而言，是教化、感化，“政者，正也。子帅以正，孰敢不正”[②]，这与教育在本质上是相通的。在周游列国期间，孔子和弟子冉有曾有一段著名的对话：“子适卫，冉有仆。子曰：‘庶矣哉！’冉有曰：‘既庶矣。又何加焉？’曰：‘富之。’曰：‘既富矣，又何加焉？’曰：‘教之。’”[③]当时的卫国，经济繁荣，人口繁盛，但民风奢靡，耽于享乐。孔子提出了“庶之、富之、教之”的治国三步骤，要求当政者不仅要实现人民的安居乐业、富饶乐足，还要注重民众的教育教化，使之皆成为富有道德修养的君子，使整个社会具有良好的道德秩序。从这一理想出发，孔子虽终身未曾“得位”，但仍视社会教化为参与政治的一种方式。“或谓孔子曰：‘子奚不为政？’子曰：‘《书》云：孝乎惟孝、友于兄弟，施于有政。是亦为政，奚其为政？’”[④]社会教化并不依赖于政治地位，仁人君

① （宋）朱熹撰：《四书章句集注·论语集注》，中华书局1983年版，第106页。
② 《论语·颜渊》。
③ 《论语·子路》。
④ 《论语·为政》。

子在日常生活中践行孝悌，宗族称之，乡党誉之，就会有更多的人参照效法，同样可以产生重大的社会影响。教兴则政兴，教废则政废，教育教化与政治的关系正如此。缺少教育的政治是不足以观的。所谓“道之以政，齐之以刑，民免而无耻；道之以德，齐之以礼，有耻且格”[①]。只有政刑而没有教育，百姓就不会真正地懂得善恶荣辱，政治不可能清明，社会风俗也不可能淳朴。从这个意义上讲，儒家学者实际上是将教育教化视作“仁政”和“德治”的重要内容，而将建设良好社会政治秩序视为教育教化的最高和最终目的。

孔子以后的儒家学者，无不以教育教化为安邦治国的最高手段。如孟子认为，“善政不如善教之得民也”，“善教得民心”[②]。前面提到的“建国君民，教学为先”[③]，也高度凸显了教育的政治社会功能。

儒家以培养修己安人、修己治人的君子为教育的首要目的，以建设良好的社会政治秩序为教育的最终目的。两个教育目的之间，具有内在的紧密关联，即子夏提出的“仕而优则学，学而优则仕”[④]。“优，有余力也”[⑤]，政事之暇有余力，则当学习，学习之暇有余力，则应关心政治，两者紧密相关。也就是《大学》里的“大学之道，在明明德，在亲民，在止于至善”。学者以修身为本，内以明其天赋之明

① 《论语·为政》。
② 《孟子·尽心上》。
③ 《礼记·学记》。
④ 《论语·子张》。
⑤ （宋）朱熹撰：《四书章句集注·论语集注》，第190页。

德，外以齐家治国平天下，其要义在于培养具备高尚人格和行政能力的君子，并赋予其建设良好社会政治秩序的权责。宋代儒学进一步揭示出教育的两重目的具有共同的道德形上学基础。一如历史学家钱穆所说："所谓'道德仁义圣人体用，以为政教之本'者，此正宋儒所以自立其学以异于进士场屋之声律，与夫山林释老之独善其身而已者也。"①合内外、赅体用，以禀赋于天的道德为依据，以成就德人德政为目的，于是乎成为儒家教育论的根本特征。

（二）有教无类

儒家从人性平等的思想出发，主张教育向一切具有向学之诚的人开放。孔子说"性相近也，习相远也"②，说明天赋的人性是平等的，遗传的素质是可塑的。"中人以上，可以语上也"③，除去极少数"上智""下愚"之人，一般人即"中人"，都可以也应该接受教育。"十室之邑，必有忠信如丘者，不如丘之好学也"④，人之所以有贤愚不肖之分，固然有先天的因素，但主要是由于后天教育使然，就一般人而论，只要肯诚心向学，皆有下学而上达的可能。缺乏后天的教育，中人也会成为下愚之人，"生而知之者，上也；学而知之者，次也；困而学之，又其次也；困而不学，民斯为下

① 钱穆：《中国近三百年学术史》，第3页。

② 《论语·阳货》。

③ 《论语·雍也》。

④ 《论语·公冶长》。

矣”①。宋儒邢昺解释说，“生而知之者”是圣人；“学而知之者”是贤人；一般人“因其行事有所困”，于是“发愤而学之”；如果有所困惑，却不肯学习，那就是等而下之之人。②因此，孔子主张“有教无类”③，即“言人所在见教，无有贵贱种类也”④。也就是说，一切有志于成就德性、有志于研习专门学问、有志于为官出仕造福社会的人，皆是儒家的教育对象。

在教育实践中，儒家教育始终贯彻了开放、平等的原则。孔子说：“自行束脩以上，吾未尝无诲焉。”⑤“束脩”即十条肉干，是“礼之薄者”⑥，不过用以表达主动求学之意；只要诚心求教、潜心向学，孔子便诲之不倦。这正是儒家教育思想开放性原则的表现。孔子一生有弟子三千、贤者七十二。孔门弟子来自鲁、齐、卫、晋、蔡、秦、宋、燕、陈、吴、楚诸国，还有很多弟子国籍不明，说明孔子教育生徒，做到了不分国别与族类。孔子弟子中，有鲁国执政贵族子弟孟懿子，也有被称为“贱人”的冉伯牛、冉雍和冉求，出自“鄙家”的子张，以及“卞之野人”的子路；有家累千金、结驷连骑的子贡，也有穷居陋巷、箪食瓢饮的颜回，蓬户绳枢、摄敝衣冠的原宪，可知孔子授徒是不分贵贱贫富的。孔门弟子年龄差异极大，秦商少孔子四岁，

① 《论语·季氏》。

② 参见（魏）何晏注，（宋）邢昺疏《论语注疏》，载《十三经注疏》整理本，第259—260页。

③ 《论语·卫灵公》。

④ （魏）何晏注，（宋）邢昺疏：《论语注疏》，载《十三经注疏》整理本，第248页。

⑤ 《论语·述而》。

⑥ （魏）何晏注，（宋）邢昺疏：《论语注疏》，载《十三经注疏》整理本，第96页。

叔仲会少孔子五十四岁，师兄弟之间年龄差距达五十岁。[①]学生的先天禀赋也有贤愚之分，子贡“闻一以知二”，颜回“闻一以知十”[②]，“（高）柴也愚，（曾）参也鲁”[③]。显然孔子教人，不分年龄的大小、资质的高下。以上俱是儒家教育平等原则的体现。《吕氏春秋·别类》称，孔子“弟子徒属，充满天下”[④]。《荀子·法行》记载：“南郭惠子问于子贡曰：‘夫子之门何其杂也？’子贡曰：‘君子正身以俟，欲来者不距，欲去者不止。且夫良医之门多病人，檃栝之侧多枉木，是以杂也。’”[⑤]这都表明孔子教育对象的范围之广。

“有教无类”的思想打破了夏、商、西周直至春秋早期“学在官府”的旧制，突破了贵族对学术文化知识的垄断，实现了文化的全面下移，为平民求学参政提供了宝贵的机会，从而培养出一大批学有专长的人才，孕育出一个以道德修养和学问智能为立身处世之本的、“无恒产而有恒心”[⑥]的“士”阶层，成为历史文化的继承者和引领者，并为春秋战国时期文化教育繁荣和百家争鸣局面的形成奠定了基础。

---

① 参见李启谦《孔门弟子研究》，齐鲁书社1988年版，第222—232页。

② 《论语·公冶长》。

③ 《论语·先进》。

④ （战国）吕不韦著，（汉）高诱注：《吕氏春秋》，载《诸子集成》第六册，世界书局1935年版，第321页。

⑤ （清）王先谦撰，沈啸寰、王星贤点校：《荀子集解》，中华书局1988年版，第536—537页。

⑥ 《孟子·梁惠王上》。

孔子以降，“下学上达”，即认为所有人通过强学力行，都可以成就君子人格，成为儒家教育论的核心理念。孟子从性善论出发，肯定“人皆可以为尧舜”①，实际上也是承认在受教育的前提下，人人都有作圣成贤的资格。他本人设教授徒，也如孔子一般来者不拒。荀子虽然主张的是性恶论，但也认为“涂之人可以为禹”，意思是涂这个地方的所有人都像大禹一样，具备认识和掌握仁义礼法的才具。②明代大儒王守仁也说：“故虽凡人，而肯为学，使此心纯乎天理，则亦可以为圣人。”③他终身讲学不辍，弟子中多有农工商贾、贩夫走卒。王门弟子王艮开辟的泰州学派，更是标举“百姓日用即道”的平民儒学、百姓儒学，影响及于农夫、樵夫、陶匠、灶丁等。从这个意义上讲，儒家“有教无类”的教育思想，与强调机会平等的现代正义论思想是相通的。④

儒学重教弘文的教育理念，也塑造了中华民族重视教育的民族性格。汉代民谚就说，“遗子金满盈，不如教子一经”，把对后世子孙的教育摆在首位。“忠厚传家久，诗书继世长”，这副门前堂上经常可以见到的对联，传递出寻常人家希望通过教育，实现家族福泽绵延的美好愿望。

---

① 《孟子·告子下》。

② 参见（清）王先谦撰，沈啸寰、王星贤点校《荀子集解》，中华书局1988年版，第442—443页。

③ 《传习录》上。

④ 参见郭齐勇《再论儒家的政治哲学及其正义论》，载《孔子研究》2010年第6期。

二、内容与方法

（一）六艺教人

1. 礼、乐、射、御、书、数之六艺

周代的师氏、保氏之官，是儒家的起源之一。据《周礼》记载，师、保分别以德、行、艺、仪教国子。德、行、艺、仪实际上也构成了原始儒家的教学内容。

师氏以德、行教人。“以三德教国子：一曰至德，以为道本；二曰敏德，以为行本；三曰孝德，以知逆恶。教三行：一曰孝行，以亲父母；二曰友行，以尊贤良；三曰顺行，以事师长。”[①]德与行的区别，是内与外的区别，“在心为德，施之为行”[②]。至德就是中庸之道，敏德就是仁义顺时，孝德就是敬祖爱亲。德要见于行。孝行即善事父母，友行是尊敬贤良道德之士，顺行是遵循老师和朋友中年长者的教导。三德之间，有一个向下落实的次序，三行之间，则有一个由亲及疏的推扩。

保氏以艺、仪教人。“养国子以道，乃教之六艺：一曰五礼，二曰六乐，三曰五射，四曰五御，五曰六书，六曰九数；乃教之六仪：一曰祭祀之容，二曰宾客之容，三曰朝廷之容，四曰丧祭之容，五曰军旅之容，六曰车马之容。”[③]

---

① 《周礼·地官·保氏》。

② 同上。

③ 同上。

礼和乐是六艺教育的中心。所谓“五礼”，即吉礼、凶礼、宾礼、军礼和嘉礼。吉礼是祭祀之礼，古人以祭祀求吉祥。“以吉礼事邦国之鬼、神、示”①，吉礼祭祀的对象，包括邦国之人鬼、天神、地祇等。凶礼是救患分灾的礼仪，包括荒礼和丧礼两大类。古人“以凶礼哀邦国之忧”②。邦国发生年谷不熟、水火之灾等内忧外患，就要按照荒礼礼制“散礼”“薄征”“缓刑”“劝分”“移民通财”，邻国也要派遣使者前往吊问；邦国诸侯新丧，也要按照礼制处理遗体，为之服丧、吊唁。由丧礼而产生了丧服制度，根据与死者之间的亲属关系，有斩衰、齐衰、大功、小功、缌麻五种丧服，民间所谓“不出五服”，指的就是这五服，为死者服丧说明亲属关系较近，出了五服，则亲属关系就很疏远了。宾礼是天子、诸侯接待宾客的礼仪。古人“以宾礼亲邦国”③。六服之内的诸侯要按时轮流进京朝见天子，春季朝见叫作“朝”，夏季朝见叫“宗”，秋季朝见叫“觐”，冬季朝见叫“遇”；天子征伐不听命的诸侯时，其他诸侯也要朝见，叫作“会”；天子十二年未巡守，诸侯前往京师朝见，叫作“同”。军礼事实上就是军队的制度，所谓“班朝治军，莅官行法，非礼威严不行”④。古人“以军礼同邦国”⑤。流传下来的军礼包括：大师之礼，即天子亲征的礼仪；大均之礼，即使民众平

① 《周礼·春官·大宗伯》。
② 同上。
③ 同上。
④ 《礼记·曲礼》。
⑤ 《周礼·春官·大宗伯》。

摊军赋的制度；大田之礼，即四时田猎、检阅军队的礼仪；大役之礼，即营造宫室役使民众的礼仪；大封之礼，即战争之后封土植树，确认原有疆界的礼仪。嘉礼是按照人心所善者制定的礼仪。古人“以嘉礼亲万民”[①]。嘉礼包括饮食、婚冠、宾射、飨燕、脤膰、庆贺之礼。行礼是为了表达内心情感，如果仅有礼节而没有礼容，礼义也就无从体现。包括祭祀之容、宾客之容、朝廷之容、丧纪之容、军旅之容、车马之容在内的六仪，实际上就是在举行礼仪时所应有的礼容。所谓“六乐”，指六种乐舞，即《云门》《大咸》《大韶》《大夏》《大濩》《大武》。礼和乐是相互配合的关系，古人演礼的同时还要奏乐，上述乐舞也分别用于不同的礼仪场合，故曰“乐者，天地之和也；礼者，天地之序也。和故百物皆化；序故群物皆别”[②]。礼和乐都以德为本，正如子夏所说，“德音之谓乐”[③]。乐德包括中（言出于心，皆有忠实）、和（不刚不柔，宽猛相济）、庸（接事以礼而有常）、祇（见神祇则敬）、孝（善事父母）、友（善于兄弟）。所以古代所说的“乐”，不同于今天一般意义上的音乐。

射和御是军事训练项目。射是射箭，所谓“五射”，即白矢、参连、剡注、襄尺、井仪。白矢是射箭透过靶子，见其镞白；参连是前射一箭，然后三箭连发，都要命中靶子；剡注是射箭的力道猛锐，能使箭贯物而过；襄尺是尊卑者同射时，卑者退后一尺，表示敬意；井仪是射四箭，要呈“井”

① 《周礼·春官·大宗伯》。

② 《礼记·乐记》。

③ 同上。

字状。古人很重视射，在乡有乡射之礼，在朝有大射之礼。御是驾驭战车，所谓“五御”，即鸣和鸾、逐水曲、过君表、舞交衢、逐禽左。鸣和鸾是指车铃和鸾鸟的鸣声相和，表示驾驭战车行动有节奏；逐水曲是指能随着弯曲的水边驾驭战车前进；过君表是指驾驶战车准确地通过辕门；舞交衢是指车通过交衢时，旋转快慢适度，如同舞蹈般有节奏；逐禽左是指驱车狩猎时，将禽兽隔在车左，以便于射猎。能实现五射、五御，即表明掌握了高超的军事技巧。

书与数是文化基础知识。“书”是文字，按照许慎的说法，“六书”是指指事、象形、形声、会意、转注、假借，也就是汉字的六种构成方法。“数”是算法，“九数”即方田、粟米、差分、少广、商功、均输、方程、赢不足、旁要，大概是由田亩、赋税、财物会计事务中发展出来的计算方法。书与数是治理国家、履行行政职能必不可少的技艺。

包括礼、乐、射、御、书、数在内的六艺，是周代教育的主要内容。当时贵族大体上都必须通晓六艺。平民如果想到贵族家庭中去服务，也必须通习六艺或其中的一部分。早期的儒者属于“士”这个阶层。“士”原来多由贵族的庶孽子弟或比较低级的贵族子弟充任，后来渐渐落到平民社会里去。孔子正是继承了周代教育传统，以六艺教士。

2.《诗》《书》《礼》《乐》《易》《春秋》之六艺

六艺也指“六经”，即《诗》《书》《礼》《乐》《易》《春秋》六部典籍。所谓“经”，是相对于“纬”而言的，原指治丝、织布的纵线。纵线为经，横线为纬。许慎《说文解字》说："经，织也，从糸，巠声"。经，引申为组织，后世又有人引申为经常的"经"，又有人引申为路径的"径"。"经"就成为常道或路径。刘勰《文心雕龙》说："经也者，恒久之治道，不刊之鸿教也。"足见古人对被尊为"经"的经典的崇敬，以之作为长久的安邦治国的根据，不可变易的宏伟的教材。"经"这个名词起源于战国晚期，此前只是称《诗》（或《诗三百》）《书》《易》云云。《庄子·天运》篇记载："孔子谓老聃曰：'丘治《诗》《书》《礼》《乐》《易》《春秋》六经，自以为久矣。'"这句话说明，至少在战国晚期，人们已经承认有了六部重要的经籍、典册。

六经是怎么来的？古人基本上肯定孔子与六经的关系，认为孔子整理过古代典籍："孔子自卫反鲁，然后乐正，雅、颂各得其所，乃删《诗》、定《书》、系《周易》、作《春秋》。"①孔子正是以整理过的六经为课本来教育学生。这一点反映在《论语》当中，就是孔子曾以《诗》《书》《礼》《乐》等经典来教弟子。如他曾经指点弟子学礼学诗，"不学礼，无以立"，不学礼在社会上就站不起来；"不学诗，无以言"，不学诗就不会说话。

简单来说，六经当中，《易》既是一部卜筮之书，也是一部探讨天人之道、事物变易法则和人生修养的哲理之书，由卦象、卦辞和爻辞三部分组成。《书》是上至唐尧、下至

① （汉）赵岐注，（宋）孙奭疏：《孟子注疏》，载《十三经注疏》整理本，第9页。

秦穆公的古代历史文献汇编，包括文告、命令、君臣对谈、档案文书等。《诗》是中国最早的诗歌总集，实存三百零五篇，按照《风》《雅》《颂》排列，《风》有十五国风，《雅》分《大雅》《小雅》，《颂》有《周颂》《鲁颂》和《商颂》。《礼》包括《周礼》《仪礼》《礼记》，所以也称“三礼”，是古代典章礼仪制度的著作，反映了儒家伦理道德、社会政治思想和主张。《乐》是先秦儒家的音乐思想著作，但今天已经失传，一种说法是本有《乐经》，遭秦始皇焚书之祸而亡佚；另一种说法是乐本无经，是配合《礼》或者配合《诗》的乐谱。《春秋》是一部编年体的史书，按照鲁国国君世系，在年、时、月、日下系以史事，寄托了孔子的政治思想，因为《春秋》文辞简约、措辞隐晦，故形成了解释经义的《传》，今天留存下来的有“春秋三传”，即《公羊传》《穀梁传》《左传》，《公羊传》《穀梁传》注重阐发《春秋》的微言大义，《左传》注重叙述《春秋》经文的重要史事。

孔子以六经教人，主要是陶冶性情，以增加文明含量，通晓历史经验，提升人生境界。六部经典，各有其功效和作用。“孔子曰：入其国，其教可知也。其为人也，温柔敦厚，《诗》教也；疏通知远，《书》教也；广博易良，《乐》教也；絜静精微，《易》教也；恭俭庄敬，《礼》教也；属辞比事，《春秋》教也。”[①]古代典籍和出土文献中

① 《礼记·经解》。

关于六经（及六经之教）的内容、功能、特性的解说，大致可以归纳为下表：

古代典籍和出土文献中关于六经的解说

经 名	《天下》	《太史公自序》		《儒效》	《性自命出》	《经解》
《诗》	道志	长于风	达意	言是其志	有为为之	温柔敦厚
《书》	道事	长于政	道事	言是其事	有为言之	疏通知远
《礼》	道行	长于行	节人	言是其行	有为举之	恭俭庄敬
《乐》	道和	长于和	发和	言是其和	有为举之	广博易良
《易》	道阴阳	长于变	道化	—	—	絜静精微
《春秋》	道名分	长于治人	道义	—	辨是非	属辞比事

五四运动以后的很长一段时间，疑古思潮成为学术界的主流，孔子与六经没有关系或关系很少的观点甚为流行。然而晚近出土的文献资料，如马王堆帛书、郭店楚简等，都和传世文献互相印证，不断证实着孔子与六经之间的密切关系。

六经或者五经是中华文化的源头，是中华文化的根据。先秦诸子都从五经中汲取营养，但以儒家对五经的继承最为充分。后世儒家的教育、教化，也始终以五经为核心。以至于后来以五经为儒家的专门经典，其他诸子不与焉。到南宋孝宗淳熙（1174—1189）年间，朱熹将《大学》《中庸》从《礼记》中抽出，与《论语》《孟子》合在一起，采撷历代特别是宋代以来五十余家的注释，并加之以己见，编成《四书章句集注》，从而确立了四书的经典地位，“四书五经”因而成为儒家经典的代称，也成为儒家教育的核心经典文本。

六艺无论是指礼、乐、射、御、书、数六种技能，还是指《诗》《书》《礼》《乐》《易》《春秋》六部经典，都作为儒家教育的核心内容，为孔子以来的历代儒者所重视。但需要着重指出的是，孔子设教，教授的并不是具体的节文，他以六艺教人，强调的是六艺对人德性的培养。孔子认为，“志于道，据于德，依于仁，游于艺”①，志道、据德、依仁，是“游于艺”的前提。孔子将弟子按科分为德行、言语、政事、文学四科，各科中出众的弟子有：“德行：颜渊、闵子骞、冉伯牛、仲弓。言语：宰我、子贡。政事：冉有、季路。文学：子游、子夏。”②德行位列四科之首。“子以四教：文、行、忠、信”③，政治才干同样与德行不可分割。“行有余力，则以学文”④。故而儒家虽然强调古典知识和文学教育，但在根本上，却仍是以德育为中心的教育体系。这是儒家教育论与其他学派教育思想的根本区别之所在。

（二）教学相长

通过丰富的教学实践，儒家学者总结出一套极富价值的教学原则与方法。就教的方面而言，早在孔子那里，就提出了“因材施教”，即根据不同对象，针对其能力、性格、

① 《论语·述而》。
② 《论语·先进》。
③ 《论语·述而》。
④ 《论语·学而》。

志趣等具体情况施行不同的教育。如《论语》中有“子夏问孝”和“子游问孝”两则。其一，“子游问孝。子曰：‘今之孝者，是谓能养。至于犬马，皆能有养；不敬，何以别乎？’”。其二，“子夏问孝。子曰：‘色难，有事弟子服其劳，有酒食先生馔，曾是以为孝乎？’”子夏和子游提出了同一个问题：什么是孝道？可孔子的回答是不一样的。对于子游，孔子说要讲究“敬”，也就是内心对父母的严肃虔敬；对于子夏，孔子说要讲究“色难”，也就是要和颜悦色。宋儒程颐解释说：“子游能养而或失于敬，子夏能直义而或少温润之色。各因其材之高下，与其所失而告之，故不同也。”[①]这就是孔子因材施教的教育方法的一次具体实践。孟子也提出：“君子之所以教者五：有如时雨化之者，有成德者，有达财者，有答问者，有私淑艾者。此五者，君子之所以教也。”[②]所谓“时雨之化”，就如同种子已经种下，君子之教如同时雨滋养；“成德”“达财（材）”，是根据其德性、才能的长处而教育之；“答问”是根据学生的疑惑而开喻之；“私淑艾”，是有学生虽然不能及门受业，但从书本或他人那里听闻了君子之道，并用以修身有成，这也是君子之教的一种。按照孟子的说法，君子之教是各自不同的，所以宋儒朱熹解释这句话说：“圣贤施教，各因其材，小以成大，大以成小，无弃人也。”[③]明儒王守仁也说：“圣人教人，不是个束缚他通做一般，只如狂者便从狂处成就他，

① （宋）朱熹撰：《四书章句集注·论语集注》卷一，第56页。

② 《孟子·尽心上》。

③ （宋）朱熹撰：《四书章句集注·孟子集注》卷十三，第362页。

狷者便从狷处成就也。人之才气，如何同得。”[1]儒家承认现实的人是有差异的，但在此基础上，儒家更强调人是可以受教育的，通过受教育所有人都可以作圣成贤，问题的关键在于君子教人，是否真正做到了因材施教。正如王夫之所说：“教思之无穷也，必知其人德性之长而利导之，尤必知其人气质之偏而变化之。”[2]这就是“因材施教”和“有教无类”之间的内在联系。从孔子开始，儒家便强调要开展启发式教育。教育不是填鸭灌输，一定是等学生自己有了切身的疑惑，然后有老师的恰到好处的点拨才能发挥功效。所谓“不愤不启，不悱不发”[3]。儒家教人，强调通过“取譬”的方式，实现学生的“举一反三”。教学有等级，应当循序渐进。孔子主张“循循然善诱人”[4]，孟子主张“盈科而后进”[5]，荀子主张“积跬步以至千里，积小流以成江海”[6]，《礼记·学记》主张“学不躐等”，都是强调为学应当循序渐进，积少成多。“博学于文，约之以礼”[7]“博学而详说之，将以反说约也”[8]，都强调为学要由博返约，由外返内，以一以贯之之道驾驭广博的知识。

就学的方面而言，儒家特别重视学习者自身的能动性，

---

① 《传习录》下。

② （清）王夫之：《四书训义》卷十五，《船山全书》第七册，岳麓书社1998年版，第656—657页。

③ 《论语·述而》。

④ 《论语·子罕》。

⑤ 《孟子·离娄下》。

⑥ 《荀子·劝学》。

⑦ 《论语·雍也》。

⑧ 《孟子·离娄下》。

强调要学“为己之学”。学习不是为了在人前夸耀自己，获得他人的赞誉，而是为了有裨益于自己的身心实用。儒家特别重视学者自身的学习态度，认为学习态度是学习成败的关键。孔子说：“学而不厌”[①]，强调为学应当有进无止。孟子曰：“有为者辟若掘井，掘井九仞而不及泉，犹为弃井也。”[②]八尺为仞，九仞表示很深。孟子作这个比喻，就是强调学习不能半途而废、自弃前功。汉儒董仲舒以自己的亲身经历，为后学者留下了“三年不窥园”的典故。《汉书·董仲舒传》：“少治《春秋》，孝景时为博士。下帷讲诵，弟子传以久次相授业，或莫见其面。盖三年不窥园，其精如此。”在儒家历史上，像这样专心致志、求学问道的例子不胜枚举，为后学者提供了巨大的榜样和精神力量。宋儒周敦颐将其总结为“圣希天，贤希圣，士希贤”[③]，并要求“志伊尹之所志，学颜子之所学”。士通过学习伊尹、颜回，得以体会贤者之志，获得德性、才能等方面的增长；贤者也有学习的对象，如颜回之于孔子；圣者的学习对象则是普遍的天道。追本溯源，儒家是以天道为学习的终极意义的。天道不可欺，学习也要讲究“诚”。孔子说：“知之为知之，不知为不知”[④]，强调学者要有诚实的态度。因为诚，所以知道自己无知，进而能虚心学习，孔子说：“以能问于不能，以多问于

① 《论语·述而》。
② 《孟子·尽心上》。
③ 《通书》。
④ 《论语·为政》。

寡”[①]，强调的是学习应当虚心。这些都是“学”的一般原则和方法。

儒家认为，教与学之间存在着相互促进的关系，也就是“教学相长”。这是儒家最理想的教育模式。《礼记·学记》曰：“虽有嘉肴，弗食不知其旨也；虽有至道，弗学不知其善也。是故学然后知不足，教然后知困。知不足，然后能自反也；知困，然后能自强也。故曰：教学相长也。”学习才知道自己尚有哪些不足之处，教学才能发现自己还有哪些不通。知道不足，然后能督促自己加紧学习，知道不通之处，然后能鞭策自己努力进德修业，所谓教学相长，就是说教与学是相辅相成的关系。孔子认为，学生可以启发老师。“子夏问曰：‘巧笑倩兮，美目盼兮，素以为绚兮。何谓也？’子曰：‘绘事后素。’曰：‘礼后乎？’子曰：‘起予者商也，始可与言诗已矣。’”[②]他对学生怀有无尽的期待：“后生可畏，焉知来者之不如今也。”[③]他鼓励学生应当“当仁，不让于师”[④]。在教学相长的教育模式下，老师和学生之间形成了尊师重道、自由活泼的学风，并在历史上形成了或聚徒讲学，或创办书院，或问难论辩的教育实践。

学是快乐的、令人满足的。人的真实生命本是生机盎然、活泼畅达的，而“学”则是对生命本然状态的自觉追

① 《论语·泰伯》。
② 《论语·八佾》。
③ 《论语·子罕》。
④ 《论语·卫灵公》。

寻。正是通过学，人才得以克服私欲、狭隘，复归人的天命本性，上通无限的大道。故儒者始终强调，要“志学”“乐学”。孔子曾阐述过学习的三重境界：“知之者不如好之者，好之者不如乐之者。”[①]学习它的人比不上爱好它的人，爱好它的人又比不上以此为乐的人。荀子也说：“学莫便乎近其人，学之经莫速乎好其人。”[②]在向学的道路上，没有比亲近贤人更便利的方法；善于传道授业的老师，会通过自己的亲身示范，令学生们尊敬自己，从而真正地以求学问道为乐。明代儒者王艮更是写了首《乐学歌》，来阐明乐与学之间的密切联系：“人心本是乐，自将私欲缚。私欲一萌时，良知还自觉。一觉便消除，人心依旧乐。乐是乐此学，学是学此乐。不乐不是学，不学不是乐。乐便然后学，学便然后乐。乐是学，学是乐。呜呼，天下之乐何如此学，天下之学何如此乐！”[③]学问何以能为乐至斯呢？此无他，就是因为乐是良知本心的自然追求，而学是通达乐境的唯一途径。只有真正乐学之人，才能体会到学习的真正快乐。也只有体验到学习真正乐趣的人，才能追求到真正的大道。儒者们正是通过对乐与学的阐述，鼓励一切有志于真理的人，乐此不疲、孜孜不倦地追求下去。

---

① 《论语·雍也》。

② 《荀子·劝学》。

③ （明）王艮：《明儒王心斋先生遗集》卷二，载《王心斋全集》，江苏教育出版社2001年版，第54页。

三、官学与私学

（一）庠序学校

1. 三代官学

官学，就是以政府的力量举办的学校。早在夏、商、周三代，就有了较为发达的官学，以教育贵族子弟。孟子记述三代的教育制度时说："设为庠序学校以教之。庠，养也；校，教也；序，射也。夏曰校，殷曰序，周曰庠，学则三代共之"①。这段话的意思是，夏代的学校叫"校"，以教民为义；商代的学校叫"序"，以习射为义；周代的学校叫"庠"，以养老为义。这些都是地方官学。夏、商、周三代还有中央举办的官学，称为"学"。②

三代的教育制度在其他典籍中也有记载，如夏代教育机构，"序，夏后氏之序也"③，"夏后氏养国老于东序，养庶老于西序"④，"夏后氏设东序为大学，西序为小学"⑤。这说明夏代已经有了学校，并且承担养老和教育等功能。

商代承袭并且发展了夏代的做法。"殷人设右学为大学，左学为小学，而作乐于瞽宗。"⑥太学在国都的西郊，小学在王宫的东面，按照王宫的方位而被分别称为左学和右

① 《孟子·滕文公上》。

② 参见（宋）朱熹撰《四书章句集注·论语集注》，中华书局2003年版，第190页。

③ 《礼记·明堂位》。

④ 《礼记·王制》。

⑤ 《古今图书集成·学校部》。

⑥ 《礼记·明堂位》。

学。所谓“学”，按照汉儒郑玄的解释：“学者，觉也，觉民者，所以反其质，故曰学。”①因此“学”就是觉人、觉民的教育场所，这一名称一直沿用到今天。殷人重祭祀、崇礼乐，所以还有专门的“瞽宗”，以祭祀乐祖，并教导青年学习礼乐。

较之夏、商两代而言，周代的教育体系更加完备。周代有专门掌管教育的官员，“大司乐掌成均之法，以治建国之学政，而合国之子弟焉”。②“成均”也是学校之名。汉儒董仲舒认为，成均是五帝时大学的名称，也就是古代学校的统称。周代的学校分为两类，一类是国学，一类是乡学。国学是天子诸侯之学，“天子命之教，然后为学。小学在公宫南之左，大学在郊，天子曰辟雍，诸侯曰泮宫”③。天子有五学，辟雍居中，周围有水环绕，于是以辟雍代称整个大学，其余四学是成均、上庠、东胶（又称东序）、西雍（亦称瞽宗），分置在辟雍的南北东西四个方位。④诸侯之学的规格要小于天子，只有一学，即泮宫。于是后人便泛称学宫为泮宫，称学童入学成为生员（即秀才）为“入泮”。国学以培养贵族精英的德行操守和政治才干为主旨，其学生包括王大子、王子、群侯之大子、卿大夫、元士之適（嫡）子及国子俊选等贵族子弟。⑤

① （汉）郑玄注，（唐）孔颖达疏：《礼记正义·学记》，载《十三经注疏》整理本，第1225页。

② 《周礼·春官·宗伯》。

③ 《礼记·王制》。

④ 参见《大戴礼记·保傅》。

⑤ 参见《礼记·王制》。

乡学是官府举办的地方之学。周代的乡学分为很多级，“乡有庠，州有序，党有校，闾有塾”①，也有记载说是“家有塾，党有庠，术有序”②。乡学以国都及四郊之间的六乡之民为教育对象，乡大夫以乡三物教民，所谓“乡三物”，包括了“六德”，即知、仁、圣、义、忠、和；“六行”，即孝、友、睦、姻、任、恤；“六艺”，即礼、乐、射、御、书、数。③乡学以施行教化、移风易俗为主旨，每年都举行乡饮酒礼以养老，举行乡射礼以习射，同时还有宣传朝廷诏告、公布历书的作用。以上是夏、商、周三代官学的基本情形。需要说明的是，由于去古已远，不同的典籍对三代教育制度的记述略有差异。但上述典籍共同呈现出一个基本事实，即夏、商、周三代的教育制度已相当发达。

东周平王迁都后，周王室迅速衰落，中央文教系统也受到了巨大影响。《毛诗·郑风·子衿》曰：“青青子衿，悠悠我心。纵我不往，子宁不嗣音？青青子佩，悠悠我思。纵我不往，子宁不来？挑兮达兮，在城阙兮。一日不见，如三月兮。”不同于后人将这首诗视为情诗或“淫奔之诗”④，早期的《诗经》诠释者都认为这首诗的目的在于“刺学校之废也，乱世则学校不修焉”。学校不修，则学者分散，或去或留，留下来的人以此诗责备离开的人，并讽刺学

① 《周礼·地官》。

② 《礼记·学记》。

③ 参见《周礼·地官·乡大夫》。

④ （宋）朱熹：《诗集传》，载《朱子全书》第1册，上海古籍出版社、安徽教育出版社2002年版，第478页。

校之废。[①]《左传·昭公十七年》也说："天子失官，学在四夷。"《论语·微子》更详细地说明了学官乐师分奔各地的情形："大师挚适齐，亚饭干适楚，三饭缭适蔡，四饭缺适秦。鼓方叔入于河，播鼗武入于汉，少师阳、击磬襄，入于海。"仅剩少数诸侯能维持地方官学，如《毛诗·鲁颂·泮水》一诗，歌颂了鲁僖公能修泮宫的功绩，"明明鲁侯、克明其德。既作泮宫、淮夷攸服"，于是乎能"济济多士、克广德心"。[②]战国时期的齐桓公田午（不同于春秋五霸之一的齐桓公小白）创建了稷下学宫，到齐宣王时期达到鼎盛。战国中后期最重要的学派学者，如儒家学者荀子，阴阳家学者邹衍，道家学者尹文、田骈、慎到、环渊等，都会聚于此，聚徒讲学、著书立说，将百家争鸣推向高潮。尤其是荀子，在齐襄王时"最为老师"，"三为祭酒"[③]，主持学宫事务，影响极为深远。

儒家正是继承三代官学制度并加以发展，从而指导后世统治者，建设形成了规模宏大、体系完备的官学教育系统。

2. 汉后官学

秦代施行法家的主张，禁止民间讲学，实行焚书坑儒，只允许"以法为教，以吏为师"，学校教育一度出现空白。汉代废弃秦政，恢复了学校教育。汉惠帝废除了秦代施行的"挟书律"，汉文帝多次下诏求贤，鼓励了民间私学的复兴。汉

① 参见（汉）毛亨传，（汉）郑玄笺，（唐）孔颖达疏《毛诗正义·郑风·子衿》，载《十三经注疏》整理本，第313页。

② 同上书，第1396—1406页。

③ 《史记·孟荀列传》。

武帝采纳董仲舒的建议，立五经博士，即立《诗》《书》《礼》《易》《春秋》五种儒家经典博士；又立太学，“为博士官置子弟五十人”，也就是后人常说的太学生。太学于是成为汉代中央政府设立的最高学府，博士官也从朝廷顾问之官转变为学问教授之官。汉武帝所设太学，有两个显著特点：一是太学传授的只能是儒家经典，博士官也只有儒家学者才能担任，从而确立了儒学的国学地位。二是博士生或太学生不限出身，收博士弟子五十人，由太常从京都或京郊选择年十八岁以上仪态端正者，郡国也按照“好文学，敬长上，肃政教，顺乡里，出入不悖”的标准选送地方俊秀，“得授业如弟子”[①]，这意味着平民子弟中的杰出者，也有进入太学学习的机会。

地方官学也在汉代得到了复兴。西汉景帝时，名臣文翁任蜀郡太守。当时四川地方偏僻，文教不行，文翁于是选送十几人至京师，拜博士为老师，受业而归。又于成都市中修学宫，立孔子及七十二弟子像，招收县子弟任学生，并免除他们的徭役。学业优良者，充当郡县吏员，次一等的也被推荐为孝弟力田，出任乡官。于是当地人都纷纷慕学，四川一地在京师学习的人数，几乎和作为孔孟之乡的齐鲁相当。[②]“文翁兴学”也成为以教化促进地方治理的历史佳话。汉武帝在恢复太学的同时，也诏令天下郡国皆设学官，但事实上地方学校尚未普及。至汉平帝元始三年（3），王莽奏请“立官稷及学官：郡国曰学，县、道、邑、侯国曰校，校、学置经师一

① 《汉书·儒林传》。

② 参见《汉书·循吏列传》。

人；乡曰庠，聚曰序，序、庠置《孝经》师一人”[1]。此后，府州县各级政府皆举办官学，形成了“王宫、国都以及闾巷，莫不有学”[2]的基本格局。隋代将太学改称国子监，又叫国子学，但作为最高学府的地位并没有改变。

按照以教促政的理想，太学或国子学不仅有培养人才和考试的职能，还有监督现实政治的作用。历代学者在太学等教学场所里，讲学、品评人物、议论朝政，形成了“清议”“舆论”，成为制约现实政治的一股重要力量。历史上，曾经发生多次太学生参政议政的事件。如北宋宣和七年（1125），太学生陈东上书，请诛蔡京、王黼、童贯、朱勔、李彦、梁师成“六贼”，迫使朝廷对他们分别处以了流放、贬斥、赐死等刑罚。靖康元年（1126），金兵南下，汴京被围，主张坚守京城的李纲、种师道被宋钦宗软禁。陈东率千余太学生伏阙（跪在宫门口）上书，要求复任李、种，抗击金兵，得到平民数万人的响应。李纲得以被任命为京城四壁守御使，成功击退金兵，保卫了宋都汴京。

（二）书院私塾

私学与官学相对，指由民间力量建设、不纳入官方教育系统的教学机构。私学包括的范围很广，书院、私塾以及家庭教育都属于私学的范围。

---

① 《汉书·平帝纪》。

② （宋）朱熹撰：《四书章句集注·大学章句序》，第1页。

1. 聚徒讲学

私学的兴起，如前所述，是孔子以来的事。孔子创办的私学，以聚徒讲学为基本模式。孔子殁后，“儒分为八”①，孔子的弟子也继承了这一模式，分头传播思想文化。秦代毁禁私学，“有敢偶语《诗》《书》者弃市，以古非今者族”，予私学以沉重的打击。汉代废除了挟书律、偶语罪，私学也得以恢复。当时聚徒讲学的经学大师有：伏生以《尚书》教授于齐鲁之间，韩婴在燕赵授《诗》和《易》，申公、辕固生是《诗》学大师，胡毋生以教授《春秋》闻名，跟随他们学习的人很多。经生鸿儒不仅受到了当时学者的尊敬，也得到了王侯郡守乃至朝廷的极大礼遇。汉文帝就曾派出晁错等人从伏生学习《尚书》。汉武帝时，曾派使者“束帛加璧，安车驷马”②，将经学大师申公迎入长安，问以治乱之事。到了东汉，经学大师私人传经的风气更盛，有学者将其居住、授课的地方称为“精舍”，“（刘）淑少学明《五经》，遂隐居，立精舍讲授，诸生常数百人”③。精舍遂成为儒家讲学处所的统称，“古之儒者，教授生徒，其所居皆谓之精舍”④。

聚徒讲学的私学模式，到隋唐时期仍极为昌盛。尤其是在政治黑暗、报效无门的情况下，许多儒者选择退居山林，终身不仕，但仍然讲学不辍，为社会培养了大量有用人才。

① 《韩非子·显学》。

② 《史记·儒林传》。

③ 《后汉书·党锢列传》。

④ （宋）吴曾：《能改斋漫录·辨误二》，上海古籍出版社1979年版，第96页。

如隋代的王通，曾向隋文帝上《太平十二策》而不被采纳，遂弃官归乡，先后四次拒绝皇帝征召，在北山白牛溪以著书讲学为业。据记载，他的学生曾达到一千余人，都被称为“河汾门下”，著名者如“河南董常，太山姚义，京兆杜淹，赵郡李靖，南阳程元，扶风窦威，河东薛收，中山贾琼，清河房玄龄，巨鹿魏征，太原温大雅，颍川陈叔达”[①]等，都从他那里学到了治国匡民的本领。这些弟子在随后的隋唐交替、开创唐初盛世的过程中，也发挥了巨大的作用。

2. 书院

书院是一种制度化、组织化的私学机构。书院兴起于唐代中期，一开始不过是皇家的藏书、修书机构，并没有文化教育的职能。后来，退避、隐居的儒家士大夫移用书院这一名称，把它用于个人读书治学、传授生徒的场所，如唐代名相李泌就建有李泌书院。地方上也建有书院，用于收藏图书、聚众讲学，如江西高安的桂岩书院、永丰的皇寮书院、奉新的梧桐书院，福建漳州的松州书院等。

到了宋代，书院迎来了发展的高峰。这是因为宋初统治者虽然定下了重视文教的国策，但建国之初，官学系统很不发达，也满足不了士子们读书显身的要求。于是学者、官员们纷纷创办书院，以为官学的补充。而官方也通过赐匾、赐书、赐田等方式，予以表彰和支持。正如朱熹所说：“前代庠序之教不修，士病无所于学，往往与相择胜地，立精舍，以

① 郑春颖：《文中子中说译注》，黑龙江人民出版社2003年版，第195页。

为群居讲学之所。而为政者乃或就而褒表之。”[1]北宋著名的书院有白鹿洞书院、岳麓书院、嵩阳书院、睢阳书院（应天府书院）、徂徕书院、金山书院、石鼓书院等。

到了南宋，蓬勃发展的理学思想和书院互为作用，书院的发展进入鼎盛时期。据统计，建于南宋的书院有500余所，占两宋书院总数的80%左右。[2]理学的发展，离不开自由讲学、问难辩论，这些教育学术活动，不能被以科举功名为目的的官学所容纳。所以当时著名理学家如杨时、胡安国、吕祖谦、朱熹、陆九渊、张栻等，纷纷兴办书院，出任山长，延聘名师，借书院传播思想、交流学术、相与论道讲学。理学家主持下的南宋书院，在教学宗旨上就与官学有极大的不同。尤其是朱熹在知南康军州时，主持修复了白鹿洞书院，在总结前人办学规制的基础上，朱熹条列“圣贤所以教人为学之大端”，制定了《白鹿洞书院揭示》，悬之于门楣，要求学生一起遵行：

> 父子有亲，君臣有义，夫妇有别，长幼有序，朋友有信。右五教之目，尧舜使契为司徒，敬敷五教，即此是也。学者学此而已，而其所以学之之序，亦有五焉，其别如左：博学之，审问之，谨思之，明辨之，笃行之。右为学之序。学、问、思、

① （宋）朱熹：《晦庵先生朱文公文集》卷七十九，载《朱子全书》第24册，上海古籍出版社、安徽教育出版社2002年版，第3586—3587页。

② 参见王炳照《中国古代书院》，商务印书馆1998年版，第203页。

辨，四者所以穷理也。若夫笃行之事，则自修身以至于处事接物，亦各有要，其别如左：言忠信，行笃敬，惩忿窒欲，迁善改过。右修身之要。正其义不谋其利，明其道不计其功。右处事之要。己所不欲，勿施于人。行有不得，反求诸己。右接物之道。……①

由《白鹿洞书院揭示》可以看出，书院教育讲究的是人伦五教、学问思辨和立身处世之道，而不以科举场屋之学为主要教育内容。张栻也提出，书院教育的根本宗旨应该是“成就人才，以传道济斯民”②。《白鹿洞书院揭示》后来被朱熹引入岳麓书院，并成为后世大多数私学书院的核心规程。书院的组织也较官学更为自由灵活。书院的山长、教授不由官府委派，而由书院自行聘请。书院以学生读书、自修为主，所学的内容不限于科举场屋之学，更讲究人伦五教、学问思辨和立身处世之道。理学与书院的结合，还产生了“会讲”这一影响力极大的学术活动。南宋乾道三年（1167），朱熹应张栻之邀，于岳麓书院与张栻辩论太极、中和之义，开书院会讲之先河。四方的学者闻讯纷纷赶来，“舆马之众，至饮池水立竭”③。至今，岳麓书院仍保留着朱熹、张栻两位学者会讲时所坐的椅子。朱熹与张栻二人渡江必经的渡口，也被老百姓

① （宋）朱熹：《晦庵先生朱文公文集》卷七十四，载《朱子全书》第24册，第3586—3587页。

② 《潭州重建岳麓书院记》。

③ 《康熙新修岳麓书院志》卷三，岳麓书院御书楼影印本。

称为“朱张渡”。南宋淳熙八年（1181），心学派理学家陆九渊受朱熹之邀，为白鹿洞书院学生讲课。陆九渊登台讲“君子喻于义，小人喻于利”，闻者涕下，无不动容。这些学术活动，激发了四方学子从学问道的热情，天下人才荟萃于学院，蔚为大观。书院终于从个人的读书之所或官方教育的补充，变为了自由讲学、学术研究、问难论辩的教育机构。

元明清三代，书院的数量不断增加。到清末，大小书院已达到四千余所，遍布除西藏外的各个省，州县府道几乎无不有书院。同时，书院的官学化程度也有所增加，官府直接出资兴办书院，为书院委派山长、教授等。但整体上来说，书院仍是作为私学机构而存在的。遍布城乡的书院培养了大量人才。当民族危亡之际，书院学生往往挺身而出。如南宋德祐元年（1275），元兵围攻长沙，岳麓书院诸生数百人“荷戈登陴，死者十九”[①]。明代晚期，顾宪成、高攀龙以东林书院为根据地，号召士林，抨击朝政，反抗阉党，百死不回。今天，“风声雨声读书声，声声入耳；家事国事天下事，事事关心”的名联仍高悬在东林书院依庸堂中，激励着以身载道的知识分子。

除去全国性的或地方州县府道省的书院外，还有家族书院和乡村书院。这些机构虽有书院之名，但从教授师资、组织结构、教育内容和生徒来源等方面来看，更近于地方之私塾。

① （清）黄宗羲、全祖望：《宋元学案·丽泽学案》，载《黄宗羲全集》第五册，浙江古籍出版社1992年版，第914页。

3. 私塾

私塾是较初级的私学，包括由私人设立的学塾、村学和蒙学等。私塾大多由读书人私人开办，以童蒙为主要教育对象。也可以家族、乡井为单位，合力聘请老师，教育本族、本地子弟，谓之族学、村塾。还有为数不少的义学，由官绅、善人出资开办，贫寒子弟可以免费入学。此外，较富裕的家庭或贵族家庭可以独力延请家庭教师。私塾的学习者多系六岁至八岁孩童，故私塾教育主要也是蒙学教育。

儒家一直注重童蒙教育。《周易·蒙·彖辞》曰："蒙以养正，圣功也。"①指在儿童之时，应对其进行适当的教育，从而破抉蒙蔽，以培养君子乃至圣人。王夫之对这句话的解释最富深意："中以养不中，才以养不才，优而柔之，使自得之，引而不发，能者从之，作圣之功，中道之教，存乎养之而已。"②也就是说，通过儒士的优柔教化和愤悱启发，童子可以习得中道，增长才能，深造自得，作圣为贤的功效就在于此。"古者年八岁而出就外舍，学小艺焉，履小节焉"③，宋代朱熹继承这一说法，认为儿童八岁就应当入小学，学习"扫洒、应对、进退之节，礼乐、射御、书数之文"④。他指出，这些科目与大学教育具有内在的连续性，"古之小学，教人以扫洒应对进退之节，爱亲敬长隆师亲友之道，皆所以为修

---

① （魏）王弼注，（唐）孔颖达疏：《周易正义》，载《十三经注疏》整理本，第46页。

② （清）王夫之：《周易内传》，载《船山全书》第一册，第10页。

③ 《大戴礼记·保傅》。

④ （宋）朱熹疏：《四书章句集注·大学章句序》，第1页。

身、齐家、治国、平天下之本。而必使其讲而习之于幼稺之时，欲其习与智长、化与心成，而无扞格不胜之患也。”①

在儒家观念影响下，私塾主要教授的就是儒家伦理道德、日常礼节和初级语言文学等内容。儿童在私塾中，最先接触到的是“三百千千”，即《三字经》《百家姓》《千字文》《千家诗》，以及《弟子规》《幼学琼林》《龙文鞭影》《小学》《童蒙须知》等蒙学读物。稍长一点，则可授以“四书”、《诗》《书》《易》和《左传》。年龄较大者，则加读八大家的古文和《资治通鉴》，学习诗文。明清私塾还教授八股文，学童学习时艺以参加乡试，希望能考中秀才。私塾教师多由未出仕授官的儒生担任。其中不仅有尚未进学的童生、秀才，也有已经具备良好学术声誉但不愿为官的儒家学者。如王夫之隐居衡山之时，曾长期任乡塾师，以授徒讲学为生，并在教授生徒的过程中写出了《四书训义》《四书笺解》等著作。又如著名学者戴震，曾应高邮王安国之邀，出任王氏家族的家庭教师，培养出了另一位著名学者王念孙。还有撰写《治家格言》的朱用纯（柏庐），终身未曾出仕，始终以塾师自任。有名望的塾师，极能获得地方、家长、子弟的尊重。

人们往往认为，在“女子无才便是德”的桎梏下，传统女性教育一定极度匮乏。但事实上，作为私学的一种，闺学也有相当程度的发展。周代贵族的女童教育，就已经有了明确的内容和严格的顺序：“子能食食，教以右手。能言，男

① （宋）朱熹：《小学·小学原序》，载《朱子全书》第13册，第393页。

唯女俞。男鞶革，女鞶丝。六年教之数与方名。七年男女不同席，不共食。八年出入门户及即席饮食，必后长者，始教之让。九年教之数日。”①这一系列生活常识与礼仪的教育，以男童和女童为对象，主导者则是“女师”，即女性老师。后世的女性教育以德行教育、识字教育和文艺教育为主，形成了专门的女性教育读本如“女四书”。有学者根据《历代妇女著作考》统计出，明清两代有名有姓的女性作家分别有242位和3667位，她们多有自己的诗歌集。明末清初，富庶的江南地区出现了为数不少的女塾师。清代学者袁枚说，自己姑姑的婆婆姚氏，曾“出外为女傅”②，也就是担任女塾师。女塾师和男塾师一样，以教授儒家经典、诗歌艺术和绘画为生。著名的女塾师有黄媛介、王端淑、归懋仪、曹鉴冰等。③18世纪江南地区还出现了专门的“女私塾”，由浙江仁和诸生（即秀才）、塾师倪一擎之妻苏兰畹创办。④

遍布城乡的私塾，不仅作为教育机构降低了文盲率，还起到了敦化风俗、协和乡里、推动民众对公共事务的关心的作用。据统计，到19世纪中晚期，中国男子的识字率达到了30%—45%，2%—10%的妇女能够读写。⑤明代作家冯梦龙的

① 《礼记·内则》。

② （清）袁枚：《随园诗话》，人民文学出版社1982年版，第24页。

③ 参见高彦颐《闺塾师：明末清初江南的才女文化》，江苏人民出版社2005年版，第134—137页。

④ 参见（清）恽珠《国朝闺秀正始集》第三册，道光十六年红香馆版，第十卷第15页，哈佛燕京图书馆藏。

⑤ 参见 Evelyn Sakakida Rawski: *Education and Popular Literacy in Ch'ing China*, The University of Michigan Press, 1979.

话本小说《醒世恒言》叙述了一则名为“张廷秀逃生救父”的故事。故事的主人公张廷秀虽是木匠之子，仍能进入“义学”读书，从而开启了自己和家庭的传奇故事。故事的末尾有一首诗：“繇来白屋出公卿，到底穷通未可凭。凡事但存天理在，安心自有福来迎。”虽然是小说家言，但忠实地反映了在儒家道德伦理学说影响下的普通民众的道德情感，也道出了私学机构在社会阶层流动上所起到的作用。正是在这种认知的鼓舞下，民间将兴办私塾义学与修桥铺路一道，视为极大的善举。清咸丰年间，山东人武训终身行乞，用讨来的钱兴办义学，在社会上引起极大的反响。他的事迹曾被改编为戏剧，还曾被两度拍成电影。民间也视儿童入学为家庭、地方的大事，很多地方在学童入学第一天，还要举行隆重的“开笔礼”习俗。①

① 参见王海娜《试谈佛山孔庙学童开笔礼》，载《佛山科学技术学院学报（社会科学版）》2007年第6期。

第五章 儒学生态论

随着全球化的不断发展，生态环境问题已超越国界，成为全世界共同面临的难题——全球生态危机。在这一严峻的形势下，生态文明已然成为一个时代议题和全球的焦点。如何有效地应对生态危机，建设生态文明，是人类迫切需要解决的问题之一。

儒学的生态观，是一种万物有机一体的生态观。儒学生态观反映了儒家对自然、环境、生态等问题的态度，它以天人、物我关系为起点，包含生态伦理和生态保护两个层面的内容。从生态伦理的角度来看，首先要处理的就是天人关系的问题。儒家意识到天道主宰着万物，儒学将人与万物的存在同归于天道的"生生之德"。在儒学的初创时期就有了以"天人合一"为出发点的生态意识，人与万物既有本性上的相通之处，又各得其性命之正。因此，它力图强调人与万物都是自然的主体，不仅如此，人也应当对自然万物持有道德义务。特别是到了宋明时期，儒家学者进一步深化了天人、物我之间的关系，清晰地揭示出人与万物之间，乃是一个有机的、连续的、有情的整体。

生态伦理是儒家伦理思想的重要内容。儒学以道德哲学为主要内容。“仁”“礼”“孝”等是孔子儒学的核心精神，儒学是一种以“仁”为核心的道德哲学。有趣的是，儒家所讲的“仁学”不仅是“人学”，同时还是如何对待自然的学问。在儒家看来，人类社会不能离开天地万物而独立存在，如何合理地安顿天地间的万事万物，对人伦建设而言至关重要。故儒家所讲的仁，乃是“天地万物一体之仁”，强调人与万物和谐共存、共同发展。这种仁学包含着独特的生态伦理学智慧。从这个意义上讲，儒家的道德观念，同时综合了人道主义和生态意识。

从生态保护的角度来看，人被赋予了协助天地照料万物的崇高责任。人之“首出庶物”的地位，决不意味着人可以任意宰制或戕害万物，相反，儒家认为人类不仅要尊重与遵循天地的创生规律和运行规律，还有辅助上天、德育万物的天职，要使天、地、人、物、我之间构成一个可持续、和谐共生的宇宙整体。在生态环境问题日益突出的今天，儒学的生态观有利于人与自然界之间矛盾的真正解决。儒家肯定了人与生态存在的一体同源性，规定了人对生态资源的利用必须与生态和谐共生保持同步，具有去人类中心主义、实现代际平等和可持续发展等现代意义。

本章将从天人合一、万物一体、取用有度三个方面来介绍儒学的德化宇宙论与生态观。无论在生态伦理还是在生态保护方面，儒家丰富的思想资源都具有现代意义。

一、天人合一

（一）有机一体

儒家追求“天人合一”的至高境界，这是一种个体超越性的“情感”，正因为人之“情”源于天之“情”，人之“情”又可通于天之“情”，故这里的“情”不仅是人与人之间的“情”，更是天人交感互通之“情”。在这种认识下，自然被看作是大化流行的有机整体，是可以与人发生感应与共鸣的有情宇宙。关于“有情的宇宙观”，韦政通是这样解释的：“中国传统的哲学，以儒家为主，儒家哲学中最基本的一个概念是仁，仁的基本性质是感通，所以能感通者在有情。……仁，内在于人说，为人心；超越于人说，又是万物之性。仁周流于人与自然之间，促成人与自然的相感通，人与人的相感通，以及物与物的相感通。从儒家的观点看，万物莫不相感通。万物莫不相感通，也就是万物莫不有情……儒家认为天地万物乃一生化的历程，是一有情的生命体。人与天地万物为一体者，也就是说，人能由感通之道，与天地万物融而为一的意思。了解这一类的玄思，必须了解它的基础是定在情字上：人与人之间的不隔，由于情；人与物之间的不隔，由于情；物与物之间的不隔，由于情；人与天地万物，统被连系在情的交光网中，此之谓有情的宇宙观。”①

① 韦政通：《论中国文化的十大特征》，载刘志琴编：《文化危机与展望——台港学者论中国文化》(下)，中国青年出版社1989年版，第44页。

美国学者牟复礼对中国人的思维方式和宇宙观有这样的概括："中国的宇宙生成论主张的是一个有机体的过程，宇宙的各个部分都从属于一个有机的整体，它们都参与到这个本然自生的生命过程的相互作用之中。"①这一观察突出了中国古代宇宙观有机一体的面向，把存有的连续性看作是真实的，是不显自明的。正是基于这样的信念，使得这个所谓的自发自生的生命进程具有了包容万物的特征。杜维明指出，把这个自发自生的生命过程看作有机体的进程表明了三个基本的要点，即连续性、完整性和动态性。②儒家对自然和生态的认识与以上的分析恰相辉映，在儒家的经典著作中得到很多印证。

儒学的生态观不以征服自然为目标，力图强调人与万物都是自然的主体，因而是一种有机一体的生态观，这已成为学者们的共识。儒家在初创时期，就有了以"天人合一"为出发点的生态意识。这种生态意识从根本上承认了自然本身的永恒价值，具有非人类中心主义的特点。从自然生态学的观念看，天地万物一体，不仅要把每一个他人看成一体，也要把天地万物都看成是和自己为一体的。而所谓一体就是人与自然界存在的一体性，从这个角度来看，自然界的事物都是自己身体的一部分，与自己息息相关，人与自然共同构成了一个有机的整体。

首先，人和宇宙万物在根本上都化生于具有生生之仁的道德本体。《周易·乾·彖》曰："大哉乾元，万物资始，

① （美）牟复礼著，王立刚译：《中国思想之渊源》，北京大学出版社2009年版，第15页。

② 参见杜维明《试谈中国哲学中的三个基调》，载郭齐勇、郑文龙编：《杜维明文集》第5卷，武汉出版社2002年版，第8—9页。

乃统天。云行雨施，品物流形。……乾道变化，各正性命。保合大和，乃利贞。”这段话表明包括人在内的宇宙万物都产生于至高无上的乾元本体，蒙受乾德沾溉而流布成形，各得亨通，无所壅蔽，并且各自遵循本体赋予的品性而渐变或卒化，保任太和元气而互惠互利，从而各得贞固。

其次，人和宇宙万物在本体论意义上乃是平等的。人只是道德本体化生的万物之一，没有任何资格对其他生物乃至无生物表现出知性的傲慢，更没有权利无端地妨害其他生物乃至无生物各正性命，而只应尽可能地与其他生物共同保安和会。这种包含人物平等观的“乾元始物”“各正性命”的宇宙论，乃是儒家传统中关于人物关系思想的基本前提，这一思想在宋儒张载的“乾父坤母”“民胞物与”思想中得到呼应。明代王守仁也指出：“盖天地万物与人原是一体，其发窍之最精处，是人心一点灵明。风雨露雷，日月星辰，禽兽草木，山川土石，与人原只一体。”[①]“天地万物与人原是一体”，那么人在宇宙之中处于什么地位呢？这就引出了“人心”“人的良知”，也是宋明儒者的一贯主张，与二程、朱熹的论说遥相辉映。

再次，“天行健，君子以自强不息”[②]，自然是生生不息的，人效法自然，也应该努力进取。进而，“大人者，与天地合其德，与四时和其序，与鬼神合其吉凶，先天而天弗违，后天而奉天时”[③]，大自然的运行是有一定的规律和

① 《传习录》下。

② 《周易·乾》。

③ 《易传·文言》。

法则的，任何人、任何事物都不能违背这一规律。“天佑下民”，天是有权威的，它可以造福于人类，也可以给人类带来巨大的灾难。

不仅如此，人也能“制天命而用之”[①]，人的主观能动性是以对自然规律的遵循为前提的。“尽其心者，知其性也；知其性，则知天矣”[②]，人与天是可以相通的，人的善性是天赋予的，因此认识了自身与生俱来的善性，也就认识了天。人只有通过尽心、知性，才能达到与天地共存、与万物共同发展的境界。

“天人合一”是儒家生态伦理思想的哲学基础，儒家认为人与自然共为一体，应当和谐共处。人与自然和谐共生，这是现代生态伦理学的哲学基础。然而，最早提出这一观点的是中国古代的思想家们。关于“天人合一”，中国古代哲学家的表述有所不同，也有不同学科意义上的理解。从生态伦理学意义上理解，“天人合一”思想的本质是“主客合一”，肯定人与自然界的统一，认为人是天地自然的产物，人是大自然和谐整体的一部分，强调“以天地万物为一体”。

儒家继承了殷周以来的“以德配天”“敬德保民”思想，主张天人相感相通、天人合一观念。儒家强调人具有向善的本性，人在最初的生命活动中，通过心灵的感通、交流，能对其他万物同情共感，这体现了儒家之“仁”。孔子虽然没有明确提出“天人合一”的思想，但整体意义上的生

① 《荀子·天论》。
② 《孟子·尽心上》。

态伦理观念十分鲜明，以至于儒家的许多类似观念，都可以在孔子的思想中找到源头。“大哉！尧之为君也。巍巍乎，唯天为大，唯尧则之。”[①]孔子肯定了天之规律，即肯定了人与自然的和谐关系，人与自然可以统一。孟子提出人要由“尽心”“知性”而“知天”，以达到“上下与天地同流”。汉代董仲舒提出了“天人感应”理论。董仲舒把“天”人格化，认为天是有意志的，是能够支配一切的最高主宰，是“百神之大君”。自然界的一切规律，以及人事的变化都是由“天”所决定的，人类的思想、感情和道德品质也是天按照自己的特点塑造的，人为了体现天意而被创造出来。进而，君主是天的代表，受命于天。天降祥瑞是在表彰君主，天降灾异则是谴责之意，将政治上的过失与灾异的产生联系起来，通过天象来指导人事活动。

儒家“天人合一”的哲学发展到宋代更趋成熟。宋代张载说：“大其心则能体天下之物。物有未体，则心为有外。”[②]这种“大心”就是一种能破除人与人、人与物之间的隔阂而体悟人与天地万物为一体的境界。[③]“性与天道合一存乎诚”[④]，他认为天道的“诚”就是天德，“儒者则因明致诚，因诚致明，故天人合一”[⑤]，即儒者需要通过“明”来达到对“诚”之天德的把握，体悟人与人之间、人与物之

① 《论语·泰伯》。

② 《正蒙·大心篇》。

③ 参见张世英《中国古代的“天人合一”思想》，载《求是》2007年第7期，第36页。

④ 《正蒙·诚明篇》。

⑤ 《正蒙·乾称篇》。

间息息相通、血肉相连的内在关系，以实现天人合一。

（二）敬法天地

天是万物的最终依据。在儒家看来，天不是与地相对的“物质之天”，而是作为自然界整体意义的“自然之天”，其中还灌注着“道德之天”的内涵。“天何言哉？四时行焉，百物生焉，天何言哉”①，天虽然不言说，却主宰着万物的运行。“诚者，天之道”②，万事万物皆以“天德流行”为存在与价值的根源。“生生之谓易”③，天地伟大的德性是给予万物以生命，“生生”就是使生命顺利地展开，这是天地的好生之德。这种思想在《中庸》中发展成为“尽己之性”“尽人之性”“尽物之性”，“尽”就是发挥、实现，既要发挥人的本性，又要让万物发挥其本性。

天道总是按照一定的规律和法则来运行的，同时也主宰着万物。“天行有常，不为尧存，不为桀亡。应之以治则吉，应之以乱则凶。”④天道具有莫大的权威，作为天道生生的结果，人应该顺应天道，违背天道必然招致灾祸。

儒家特别注重人类对作为道德价值与存在秩序根源的“天”的敬重与效法。“观乎天文，以察时变；观乎人文，以化成天下。”⑤“夫大人者，与天地合其德，与日月合其明，

① 《论语·阳货》。
② 《中庸》。
③ 《易传·系辞》。
④ 《荀子》。
⑤ 《易·贲·彖辞》。

与四时合其序，与鬼神合其吉凶，先天而天弗违，后天而奉天时。”[①]正是以天道为依据，儒家开展礼乐刑政的制度建设，表现在政治、礼法、服饰、音乐、法律、养生等方面，无不饱含了以人道上符天道的智慧与诉求。

儒家有机一体的宇宙观是儒家学者对天地、自然、宇宙的基本认识，在此基础上古人得以感知并自觉维护天道秩序，将自身与宇宙的运行紧密地联系起来。“有天地，然后有万物；有万物，然后有男女；有男女，然后有夫妇；有夫妇，然后有父子；有父子，然后有君臣；有君臣，然后有上下；有上下，然后礼义有所措”[②]，先有天地，其次才有万物和人伦、礼义，天地创生万物，是人类赖以生存的保障，人类的活动和人间的秩序需要效法天地、敬天地以及祭祀天地。

儒家的祭祀传统是敬法天地的表现之一，主要有祭天与祭祖两类，其中前者主要反映了人对天地的敬畏和效法。“国之大事，惟祀与戎”[③]，“万物本乎天，人本乎祖，此所以配上帝也。郊之祭也，大报本反始也”[④]。祭天是希望回溯到人与天地万物的本源之道，人神沟通的精神境界，并表达对天的“好生之德”与天道秩序的感激。在这一意义上，“祭不欲数，数则烦，烦则不敬”[⑤]，祭祀在外在形式和内在精神上都有其严格的规定。

① 《易·文言》。
② 《周易·序卦》。
③ 《左传》。
④ 《礼记·郊特牲》。
⑤ 《礼记·祭义》。

我国古代以农业为主，农业的发展与气候变化密切相关，在古人的意识中，天神（又称上帝、天帝）是世界万物的最高主宰，雨水之事自然也要它来管。古代的雨水崇拜十分盛行，先民在祈雨时所崇拜的祭祀之神包括天神、龙神、雨师、风神、云神、雷神等神灵。早在殷墟卜辞中就有相关的记载："帝其令雨？帝不令雨？"《周礼》中记载："若国大旱，则帅巫而舞雩。"《春秋繁露》中说："幸而得雨，报以豚一，酒、盐、黍财足"。

在宋明儒者那里，"祈雨文"十分普遍，朱熹在《广佑庙祈雨文》中，沉痛诉说了大旱如火的情况，说三日内若还不降雨，就将颗粒不收。那时，年老的将被饿死，少壮的将沦为盗贼。他希望神灵能够哀怜下民，降下雨水。若三日内还不降雨，"则是大王终弃绝之，熹等退而恐惧，以待诛殛，不敢复进而祷矣"。其《广佑庙谢雨文》说，百姓们拜于庙下，第二日就降了雨，所以他作这篇祭文，以报谢神的恩惠。在另一篇《祈雨文》中，朱熹说："若三日不雨，雨而不周且浃于四封。惟天聪明。吾恐神之不得安其室。"此外，在朱熹的文集中还有数篇祭土地文。大概当时土地神的祭祀已很普遍，所以朱熹说："天不可祭，而土神在民亦可祭。"①不过这个土神是小神，不是皇天后土那样的大土神。王守仁也曾作《祈雨辞》："小民无罪兮，天无咎民！抚巡失职兮，罪在予臣。"他说，长时间的干旱无雨是上天对下民的惩罚。

① 《朱子语类》卷九十。

此外，在《礼记·祭法》中，祭社稷也是十分重要的。祭社稷即祭社神和稷神。社是我国古代祭祀土地神和谷神的地方。“厉山氏之有天下也，其子曰农，能殖百谷，夏之衰也，周弃继之，故祀以为稷。共工氏之霸九州也，其子曰后土，能平九州，故祀以为社。”[①]这段话从历史的角度讲述了社稷的由来。厉山氏是炎帝的后代，善于烧山种田，能种植五谷百蔬，因此祀以为稷，稷被尊奉为谷物之神。共工氏善于平治水土，能平九州，后被尊奉为土地之神——社。对以农业立国的古老中国来说，土地是关乎兴衰存亡的，因此中国古代的君主都要祭社稷，祈求风调雨顺和五谷丰登。直到现在，敬天、法祖、祭社稷的观念始终印刻在中华民族各地区各阶层人民的心中，宗祠祭祀活动每年在各地都会按时举行。

二、万物一体

（一）民胞物与

从天人合一的宇宙论出发，儒家视人与万物的存在关系是平等的。人是“万物之灵”，但并非“万物之主”。“人者，天地之心”[②]，在儒家哲学中，人虽仍然在某种意义上是中心或基点，但这种中心地位的承认，并不是要使人从宇宙

① 《礼记·祭法》。

② 《礼记·礼运》。

的优越地位出发而把自然当作可以任意索取、盘剥的对象；儒家所赋予人的中心地位，正在于对人的理性（灵明、良知）的信任，对人能自觉“万物一体”的有机性的信任。人和宇宙万物都是由道德本体所化生的，人应尽可能与其他生物、无生物共同保安和会。这种包含人物平等观的本体—宇宙论，还见于《荀子》《周礼》《礼记》等儒学典籍。

张载是宋代儒家的代表人物之一，他从气学的观点出发，认为人只是宇宙中普通的一物，人与天地万物的关系不是主人与奴仆、征服者与被征服者的关系，而是“民胞物与”的关系，这是一种平等和谐的人物关系。“乾称父，坤称母，予兹藐焉，乃浑然中处。故天地之塞，吾其体；天地之帅，吾其性。民吾同胞，物吾与也。”①这是因为在他看来，人和天地万物都是同源于一气，是由气构成的。这样来认识人在宇宙中的地位，就打破了人是宇宙主人的错误观念，为正确处理天人关系提供了新的思维方式。“民胞物与”，与当代生态伦理学的基本观点是极为相似的。②对宇宙中一切生物的尊重和爱护，是建立天人和谐关系不可缺少的条件。

站在一个儒者的角度来说，“民胞物与”，天地是我的父母，民众是我的同胞，自然万物都是我的朋友。这种说法明显表明：自我要承担起对他人、对自然万物的道德义务。这就要求我们把宇宙和自然看成一个大家庭，一个有感情交流

① 《正蒙·乾称篇》。

② 参见美国哲学家Aldo Leopold关于“大地伦理学”的相关论述，他指出：“大地伦理学改变人类的地位。从他是大地—社会的征服者，转变到他是其中的普通一员和公民。这意味着，人类应当尊重他的生物同伴，而且也以同样的态度尊重大地社会。”

的一体。人应当把万物作为家庭成员来对待，人由此有把万物当成家庭成员的道德义务。很明显，儒学的自然观和审美观已经发展为伦理的态度。从生态诠释来看，它代表了新的态度。

《中庸》的首句“天命之谓性”及“赞天地之化育，则可以与天地参”，蕴含着人与自然万物的关系，与儒家的生态观有着千丝万缕的联系。在先秦儒家那里，“仁民爱物”是一种差等之爱，人与物受到的重视程度是不同的。这一态度在宋明儒的思想观念中发生了变化，“人在天地之间，与万物同流，天几时分别出是人是物”[①]，二程认为《中庸》首句的“性”是“通人、物而言”的，人生天地间，与万物是统一的，万物流行，没有所谓的分别。朱熹继承二程的思想，指出人与物都有来自天赋的、共同的“天命之性”。他说：“性善只一般，但人、物气禀有异，不可道物无此理。……仁义礼智，物岂不有，但偏耳。”[②]自然物与人一样有仁义礼智之性，人之性与物之性同出一源，人与物之间只有气禀的差异。

关于“与天地参”，朱熹解释道：“与天地参，谓与天地并立为三也”。显然，在他看来，实现人与天地的和谐是人类所追寻的目标，而要实现这一目标，就需要“赞天地之化育”，也就是说，这需要通过人与自然的互动，在辅助自然

① （宋）程颢、程颐：《河南程氏遗书》，载《二程集》第一册，中华书局1981年版，第29—30页。

② （宋）黎靖德编：《朱子语类》（四）卷六十二，中华书局1985年版，第1492页。

的过程中，达到与自然的相互补充和协调。“凡有形于天地之间者，若动若植，有情无情，莫不有以若其性、遂其宜焉。此儒者之道，所以必至于参天地、赞化育，然后为功用之全，而非有所强于外也。”①对于不同的物，要给予不同的对待，“若其性”，根据万物的特性，合理地予以对待，而不是根据人的主观想象由外在强加。进而“知得天地本来生生之意”，了解和熟悉万物之性，加以合理开发和利用，从而实现人与万物的和谐。显然，这其中蕴含着人与自然万物相互平等的思想，即“人—物”平等思想。重要的是，这种平等思想，不是以人为中心的，而是强调人与自然万物在平等基础上的互补与协调，与今天所倡导的人与自然和谐统一的生态观是一致的。

（二）秉德爱物

人物关系在本体论上是平等的，但作为首出庶物的人，仍有裁成辅相的天职。《孟子·尽心上》说：“君子之于物也，爱之而弗仁；于民也，仁之而弗亲，亲亲而仁民，仁民而爱物。”“仁民而爱物”是儒家思想史上一个十分重要的生态伦理学命题，受到了现代生态伦理学创始人法国思想家阿·施韦兹（Albert Schweitzer）的高度重视。孟子严格区分了“爱”“亲”“仁”三种美德，这体现了儒家的差等之爱，同时其中包含了“恩足以及禽兽”的生态思想。孟子的“仁民

① 《朱子全书·西铭解》。

爱物”思想与其性善论密切相关，《孟子·告子上》曰：“牛山之木尝美矣。以其郊于大国也，斧斤伐之，可以为美乎？是其日夜之所息；雨露之所润，非无萌蘖之生焉，牛羊又从而牧之，是以若彼濯濯也。”在孟子看来，牛山本是美好、茂盛、具有再生能力的，由于后天的砍伐、过度的放牧而遭到严重破坏。人的本性也是善的，人应该基于此仁爱之心而爱护万物。这个故事从侧面启发人们要秉德爱物，只有通过“知周万物”“道济天下”“旁行不流”“安土敦仁”“曲成万物”等方式，才能促成这个生生不息的世界。

在“穷理、尽性，以至于命”①的基本前提下，儒家又肯定了人在宇宙中“首出庶物”的地位，即人相对于宇宙万物的特殊性，由此构成儒家关于人物关系思想的另一方面。《礼记·礼运》所谓“故人者，其天地之德，阴阳之交，鬼神之会，五行之秀气也。……故人者，天地之心也，五行之端也”，《礼记·祭义》所谓“天之所生，地之所养，无人为大”，《孝经·圣治章》所谓“天地之性，人为贵”，《荀子·王制》所谓“水火有气而无生，草木有生而无知，禽兽有知而无义；人有气有生有知亦且有义，故最为天下贵也”，乃至周敦颐《太极图说》所谓“无极之真，二五之精，妙合而凝。乾道成男，坤道成女，二气交感，化生万物。万物生生，而变化无穷焉。惟人也得其秀而最灵”，程颐《颜子所好何学论》所谓“天地储精，得五行之秀者为人”，都突出了人在宇宙万物中的特殊地位。显而易见，在儒家看来，人之所以在宇宙万物中具有

① 《周易·说卦传》。

特殊地位，并非因为其“有气有生有知”，而是因为其“有义”；就人物关系方面来说，“有义”意为人能够自觉地遵循秉具的“天地之德”而适宜地对待宇宙万物。《周易·系辞下》谓“天地之大德曰生”，因此，人对待宇宙万物，就是要护持万物的生机，以促成一个生生不息的大千世界。

这样，人之“首出庶物”，就完全不意味着人可以任意宰制万物，更不意味着人可以戕害万物，恰恰相反，人之“首出庶物”的地位，只是赋予人以协助天地照料万物的崇高责任。《周易·泰·象》曰：“天地交，泰。后以裁成天地之道，辅相天地之宜，以左右民。”这主要是指调节自然规律的作用，协助天地的变化。看似简单的命题，却提出了比较全面的辩证观点，既要掌握自然的规律，又要调节自然变化的过程，一方面承认了自然变化及其规律的客观性；另一方面又肯定了主体的能动作用。这一“裁成辅相”的原则，是从农业生产的经验中总结出来的，在两千多年的文明史上，被不断地利用和验证，人们随着四季的变化采取不同的农业方式，保持了生态的平衡。

《周易》的“三才”观，将天、地、人相并。在天、地、人三者的关系中，人是天地造化的杰作，天生人，地养人。相对于天地而言，人在形体上何其渺小，但人可以取法天地的精神，“与天地合其德”，德配天地。①《周易·无妄·象》曰：“天下雷行，物与无妄。先王以茂对时育万物。”《礼记·乐

① 彭永捷：《自强不息，厚德载物——儒家“天人合一”的哲学宗教基础》，载《探索与争鸣》2001年第4期。

记》中说："是故大人举礼乐，则天地将为昭焉。天地䜣合，阴阳相得，煦妪覆育万物，然后草木茂，区萌达，羽翼奋，角觡生，蛰虫昭苏，羽者妪伏，毛者孕鬻，胎生者不殰，而卵生者不殈，则乐之道归焉耳。"此所谓裁成辅相、时育万物以及举礼乐昭天地，都体现了人协助天地照料万物的崇高责任，虽然以君后、先王、大人而为言，但终究属于人事。《周易·系辞上》则包举人类而言："与天地相似，故不违。知周乎万物，而道济天下，故不过。旁行而不流，乐天知命，故不忧。安土敦乎仁，故能爱。范围天地之化而不过，曲成万物而不遗，通乎昼夜之道而知"。这里的"与天地相似""乐天知命"云云，即人之德合天地，顺天之化；而"知周万物""道济天下""旁行不流""安土敦仁""曲成万物"云云，则表达了秉具天地之德的人对于万物的爱养。

宋明理学继承了这一思想。程颢强调"仁者，浑然与物同体"，张载提出"乾父坤母""民胞物与"以呼应之，明代王守仁提出"万物一体之仁"，更为清晰地揭示出儒学体系下的人物关系是呼应的、感通的、富有德性与情感的。倘若达到这种认知境界，就能打破人与万物之间的隔膜，从而达到人与自然天人合一、情景交融的境界。正因为如此，在人与自然的关系上，人应负有更多的责任。

理学家程颢上疏宋神宗指出，古代圣人设"六府""五官"来顺应自然，整治万物，掌管自然及财货之事，严禁破坏自然环境，所以万物自然生长、丰富茂盛，人们也没有财用匮乏的担忧。他说："圣人奉天理物之道，在乎六府；六府之任，治于五官；山虞泽衡，各有常禁，故万物阜丰，而财用不乏。”[①]朱熹更进一步把自然界和人类视为和谐统一、共生共荣的有机整体，人们要遵循自然生成发展的规律，使自然之物在适宜的时间、适宜的环境条件下更好地生长。“目前事事物物，皆有至理。如一草一木，一禽一兽，皆有理”，且“一草一木岂不可以格？如麻麦稻粱，甚时种？甚时收？地之肥，地之硗，厚薄不同，此宜植某物，亦皆有理”[②]。此外，朱熹还说：“此心爱物，是我之仁；此心要爱物，是我之义。”由此把爱物作为仁义之心的内涵，使得爱物源于仁心。

三、取用有度

（一）以德取物

儒学认为人的生存发展，离不开自然资源的支持，肯定了人为了生存和延续而对万物（包括自然物以及以自然物做成的人工物）加以必要的取用。适宜地利用万物，实现物有所用、民有所养，是天道的要求。因此，儒家强调以德取物，在取用万物的时候遵从自然的节律并保持欲望的节制，注意用伦理道德的教化方式来保护生态。儒家的伦理道德规范，如孝、礼、义等都有着十分丰富的生态意涵，对人们的

① 《二程集》。

② 《朱子语类》。

生态保护行为起着教育教化的作用。“小孝用力，中孝用劳，大孝不匮。思慈爱忘劳，可谓用力矣。尊仁安义，可谓用劳矣。博施备物，可谓不匮矣。”①孝道分为三个层次，“小孝”是说竭力地供养父母而忘记自身的疲劳；“中孝”则更进一步，使人民尊重仁德、安行道义，尽本分去服务大众；至于“大孝”则要向各种生态资源普施惠举，这样才能“林木不可胜用”，“百姓有余材”。相反，乱伐、乱杀等举动，势必导致“匮”。“曾子曰：‘树木以时伐焉，禽兽以时杀焉’。夫子曰：‘断一树，杀一兽，不以其时，非孝也’”②更是将顺时节物上升到孝敬天地、友爱万物的宇宙伦理的高度。这种不杀生、不折枝的行为也是儒家所提倡的仁爱和人道的体现。

为了落实以德取物的观念，儒家传统中形成了许多抑制人对宇宙万物无限诛求的制度，例如《周礼·地官司徒》对掌管林木、水产、田猎、矿物的林衡、川衡、迹人、丱人的职责规定：“林衡掌巡林麓之禁令而平其守，以时计林麓而赏罚之。若斩木材，则受法于山虞，而掌其政令”，“川衡掌巡川泽之禁令而平其守，以时舍其守，犯禁者，执而诛罚之”，“迹人掌邦田之地政，为之厉禁而守之。凡田猎者受令焉，禁麛卵者与其毒矢射者”，“丱人掌金玉锡石之地，而为之厉禁以守之。若以时取之，则物其地图而授之，巡其禁令”。具体说来，林衡掌管巡视平地和山脚的林木而执行

① 《礼记·祭义》。

② 同上。

有关的禁令，合理安排守林的民众，按时核计他们守护平地和山脚林木的成绩而对他们进行赏罚。川衡掌管巡视川泽，执行有关的禁令，合理安排守护川泽的民众，按时安置守护人，有违反禁令的就抓捕并加以惩罚。迹人掌管王国田猎场的政令，为之设置藩界和禁令而加以守护，凡田猎的人都要接受迹人的安排。

所有这些制度与以德取物的观念相配合，从积极的方面启发人孝敬天地、友爱万物的宇宙伦理意识，从消极的方面则抑制人对万物诛求无度的贪欲，防止人将对于万物的必要取用畸变为无限靡费。

此外，"以德取物"的思想在其他作品中也有所体现。孟子明确主张把人类之爱施之于万物，"亲亲而仁民，仁民而爱物"[①]，孟子的生态伦理观也体现在具体的生态保护措施上，如"不违农时""数罟不入污池""斧斤以时入山林"[②]等，这又不得不与"仁民""爱物"联系起来，民众通过农业活动种植、捕猎、采伐，从自然获取必要的生存资源，又需要自觉培养对大自然的责任意识，保持生态平衡，在德性的指导下爱物取物。"秉德无私，参天地兮"[③]，天道是无私的，人们依仿天道的美德，也应没有私心。此外，秉德爱物的生态思想也体现了儒家的王道政治观念，在儒家看来，强权、战争、武力政治会造成土地荒芜、民不聊生，给人民和生态带来很大的伤害。相反，王道政治依靠道德和仁义的力

① 《孟子·尽心上》。
② 《孟子·梁惠王上》。
③ 《楚辞·九章》。

量，是儒家理想的生态伦理的体现。

荀子更是把对山林川泽的管理和对自然资源的合理开发与保护，作为“圣王之制”的内容。“君道当，则万物皆得其宜，六畜皆得其长，群生皆得其命。故养长时则六畜育，杀生时则草木殖”[①]，只有从上至下贯彻执行对万物和生态的保护，才能使草木繁茂、六畜兴旺。《周易·节·象》曰：“天地节而四时成。节以制度，不伤财，不害民。”表明天地运行、四时变化是有节律的，人必须依循天地四时节律，形成制度以节制身心，才可能既不斫伤财物，又不损害人自身。《孝经·庶人章》中所谓“用天之道，分地之利，谨身节用”，表达的也是这种观念。

“水火金木土谷惟修，正德利用厚生惟和，……六府三事允治，万世永赖”[②]，值得指出的是，“六府三事”虽然主要论及人对万物的取用，却仍将“正德”置于首要位置。正德就是发挥人的天赋善性，克制不当欲望，采取友善、爱护的态度对待天地万物。天地万物的自然资源是人类赖以生存的物质基础，如果放纵欲望的膨胀，对天地万物予求予取、索需无度，就会打破宇宙本身的平衡，酿成个体和人类社会的灾祸。因此，在儒家看来，保护生态是人类获取丰厚回报的不可或缺的条件。

宋明理学家们继承战国以来将人类行为与四季气象结合起来的观点，将仁、礼、义、智四德按照春生、夏长、秋

① 《荀子·王制》。

② 《尚书·大禹谟》。

杀、冬藏进行排列，就更加形象，也打通了人道与天道之隔阂。如程明道云："孟子将四端便为四体，仁便是一个木气象，恻隐之心便是一个生物春底气象，羞恶之心便是一个秋底气象，只有一个去就断割底气象，便是义也。推之四端皆然。"[①]王守仁对儒家的以德取物等生态伦理思想作了进一步的发挥和阐释，他认为有仁德的人"见鸟兽之哀鸣觳觫，而必有不忍之心焉，是其仁之与鸟兽而为一体也；鸟兽犹有知觉者也，见草木之摧折而必有悯恤之心焉，是其仁之与草木而为一体也；草木犹有生意者也，见瓦石之毁坏而必有顾惜之心焉，是其仁之与瓦石而为一体也"[②]。这就是说，不管是有知觉的动物、有生命的植物，还是如瓦石之类的无生命的物体，当它们受到破坏或损害时，每一个人都会从内心产生"不忍人之心""怜恤之心"和"顾惜之心"，并把它们视为自己身体的一部分而加以爱护。以此，人所具有的仁爱之性，由"爱人"得以扩展到"爱物"，从而把人与天地万物有机结合起来，承认了植物、动物乃至整个自然界的生存发展权利，取物以德，这是现代生态伦理学的重要理论基石。

从可持续发展的角度来看，"以德取物"也保证了"取物不尽物"的理想得以实现。儒家很早就认识到自然资源是有限的，而人类的需求又是无限的，为了更好地解决二者之间的矛盾，儒家主张合理地利用自然资源，天人合德，节制人类无限

① 《二程遗书》卷二下。

② 《大学问》，载《王阳明全集》卷二十六。

制的欲望，反对对自然资源加以破坏性地开发利用，从而实现永续利用。

（二）顺时节物

儒家历来反对滥用资源，孔子明确指出“节用而爱人，使民以时”。《论语·述而》篇中记载“子钓而不纲，弋不射宿”，虽然钓鱼打猎，但不用渔网，或是横断流水来取鱼；射飞鸟时，不射杀已归巢的鸟。孔子尤其痛恨竭泽而渔、覆巢毁卵的残暴行为，“竭泽涸渔，则蛟龙不合阴阳；覆巢毁卵，则凤凰不翔”，这样就可以保护自然环境，维护生态系统的平衡，进而有利于生命的延续。曾子援引孔子的话，指出“断一树，杀一兽，不以其时，非孝也”，天地是人类的衣食父母，如果砍伐树木不以其时，捕杀动物不以其时，都是不孝的行为。这一思想在《孟子》《荀子》《礼记》等儒家作品中是一以贯之的。树木和禽兽都应取之以时，而不得无限制地任意获取，这体现了儒家合理利用自然资源、节用爱物、按自然规律办事的原则。

在以德取物观念的影响下，儒学始终提倡崇俭去奢、取物有时、用物有度的原则。首先，“时”是一种存在于自然界的普遍自然现象，是不可违背又不可改变的自然规律，“天有其时，地有其财”[①]，自然界的运转是有其“时”的，四时的运行、万物的生长是自然界发展变化的外在表现。因此，“观乎

① 《荀子·天论》。

天文以察时变”[①]，“望时而待之”[②]，古人通过对大自然的长期观察，深刻地领悟到“时”存在的普遍性，将其与人类社会联系起来，并应用于生态保护中。

具体来说，儒家主张“时禁”的生态保护思想，强调“以时禁发”。在《荀子·王制》中，“草木荣华滋硕之时，则斧斤不入山林，不夭其生，不绝其长也……鳣池渊沼川泽，谨其时禁”。在《礼记·月令》中，根据对天、地等的观察，儒家为我们编制了一幅详细的自然万物发生时序图，并根据四时的更替，为人类社会规定了严格的顺“时”活动内容，并要求人们以“时”保护生态资源和环境。如“祀山林川泽牺牲毋用牝，禁止伐木，毋覆巢，毋杀孩虫、胎夭飞鸟，毋麛毋卵”[③]，“树木以时伐焉，禽兽以时杀焉”[④]，等等。对万物的取用，要顺应天地时节的规律，要维持生物的持续生存。这些顺时节物的制度，主要集中表现在《周礼》《礼记》等文献和古代法令中。在此基础上，儒学反对铺张浪费，发展出爱物、惜物的观念，影响并塑造了民族性格。

此外，顺时节物关涉儒家的圣王思想，它强调人的生态发展与自然生态的密切关系。孟子将对自然资源的合理利用与适度索取视为“王道之始”，也是“仁政”的体现，基于“爱物”的观念，孟子主张“恩足以及禽兽”和“君子远庖厨”，反对任意残杀动物。他还说：“不违农时，谷

① 《易传·贲》。
② 《荀子·天论》。
③ 《礼记·月令》。
④ 《礼记·祭义》。

不可胜食也；数罟不入洿池，鱼鳖不可胜食也；斧斤以时入山林，材木不可胜用也。”[①]按照自然的规律进行生产和收获，在收获的季节就会得到吃不完的粮食；细密的渔网不到大的池子里去捕鱼，就会有吃不完的鱼；砍伐树木有一定的时节，木材也会用不完。只有这样，“鸡豚狗彘之畜，无失其时，七十者可以食肉矣。百亩之田，勿夺其时，数口之家可以无饥矣”[②]。这是一幅良性循环的画面。相反，若是“彼夺其民时，使不得耕耨以养其父母，父母冻饿，兄弟妻子离散”[③]，那么，民怨四起，最终会导致亡国。

荀子发挥了孔孟的生态思想，也为人类描绘了一幅自然生态的蓝图。在荀子看来，所谓“圣王之制”“富国”都需要正确地处理人与自然之间的关系，对农时的正确认识和遵循、对自然规律的严格遵从、对生态自然的合理利用与保护是重要的方面。“草木荣华滋硕之时，则斧斤不入山林……春耕、夏耘、秋收、冬藏，四者不失时，故五谷不绝，而百姓有余食也；洿池渊沼川泽，谨其时禁，故鱼鳖优多，而百姓有余用也；斩伐养长不失其时，故山林不童，而百姓有余材也。”[④]只有根据四时的变化规律，做到“以时禁发”，才能达到“万物皆得其宜，六畜皆得其长，群生皆得其命”[⑤]的天人和谐的理想境界。

① 《孟子·梁惠王上》。
② 同上。
③ 同上。
④ 《荀子·王制》。
⑤ 同上。

《月令》是我国古代分月记载气象、物候，并依此安排生产生活和政治活动的文献，在山林、动物和土地资源的保护方面提出了许多科学的观点。其核心就是要尊重自然的规律，顺时而动，其中具体的“时禁”措施，对人在不同时节取用自然物的行为有所限制：孟春之月“命祀山林川泽牺牲毋用牝，禁止伐木，毋覆巢，毋杀孩虫、胎夭飞鸟，毋麛毋卵”，仲春之月“毋竭川泽，毋漉陂池，毋焚山林”，季春之月“田猎罝罘、罗网、毕翳、餧兽之药毋出九门……命野虞毋伐桑柘”，孟夏之月“继长增高，毋有坏堕，毋起土功，毋发大众，毋伐大树……毋大田猎”，仲夏之月“令民毋艾蓝以染”，季夏之月“树木方盛，乃命虞人入山行木，毋有斩伐”，乃至季秋之月“草木黄落，乃伐薪为炭”。这种论述方式以四时为总纲，分十二月为细目，具体到每个月来记述政府的职能职务，祭祀礼仪，以及所行所止的法令、禁令。

《礼记·王制》则明确了自天子至百姓取用自然物的度量和时机：“天子诸侯无事则岁三田，一为干豆，二为宾客，三为充君之庖；无事而不田，曰不敬；田不以礼，曰暴天物。天子不合围，诸侯不掩群。天子杀则下大绥，诸侯杀则下小绥，大夫杀则止佐车，佐车止则百姓田猎。獭祭鱼，然后虞人入泽梁。豺祭兽，然后田猎。鸠化为鹰，然后设罻罗。草木零落，然后入山林。昆虫未蛰，不以火田。不麛不卵，不杀胎，不殀夭，不覆巢。”“天子诸侯无事”，是指没有征伐出行之事，则一岁三时田猎，猎在田中，又为田除害。“一为干豆”，是指干之以为豆实。先干其肉，所以称之为干豆，上杀者也；“二为宾客”，中杀者也；三为下杀者也。它们都是作为祭祀上天用的，这是第一个目的；第二个目的是“宾客”，就是馈赠宾客；第三个目的是“充君之庖”，留着自己吃。

我国古代丰富科学的生态思想，不仅体现在具体的人事安排上，也通过“以礼入法”的方式，反映在国家法律和皇帝诏令中，是传统生态保护法律制度的来源。[①]睡虎地秦简中的《秦律》之《田律》，规定了春天保护动植物的内容：“春二月，毋敢伐材木山林及雍（壅）隄水。”该禁令与《月令》内容大体相同，体现了“时禁”的思想。

在敦煌发现的汉代诏书《使者和中所督查诏书四时月令五十条》，经考证，是迄今为止我国发现最早的较完备的环境保护法规。诏书的主体部分是四季的不同禁忌和需注意事项，其中关于生态保护的规定无疑来自《月令》，且更加明确具体，如明确规定一到九月禁止伐木等。

唐宋时期，各代帝王均以诏令的形式贯彻了《月令》的“时禁”思想，如《唐律疏议》第四三〇条规定：“诸失火及非时烧田野者，笞五十”。南宋的《庆元条法事类》规定：“诸小渠灌溉，上有碾硙，即为弃水者，九月一日至十二月终方许用水。八月以前，其水有余，不妨灌溉者，不用此令。”盛唐及后世帝王多次明确下诏要求“敬顺天时，无违

① 参见刘海鸥《〈月令〉的生态保护思想与中国传统生态法律》，载《光明日报》2010年6月29日。

月令”。如玄宗开元二十一年（733）诏曰：“献岁之吉，迎气方始，敬顺天时，无违月令。……诸有藏伏孕育之物，蠢动生植之类，慎无杀伐，致令夭伤。”[①]宋太宗太平兴国三年（978）下诏：“方春阳和之时，鸟兽孳育，民或捕取以食，甚伤生理，而逆时令，自宜禁民，二月至九月无得捕猎。”[②]以上所举政令、诏书无一例外从国家法律和制度层面对生态保护作出具体的规定，其基本精神都与《月令》朴素的生态保护思想相一致。

值得一提的是，“顺时节物”也是农业生产的指导思想，被发展为重要的农业习俗，构成了我国民间生态法的渊源之一。东汉的《四民月令》一书对每月的农业生产都有安排，包括耕地、催芽、播种、耘锄、收获、储藏等，细致而合理。北魏的《齐民要术》指出：“顺天时，量地利，则用力少而成功多。”其《伐木》篇要求：“凡伐木，四月、七月则不虫而坚朋。”南宋的《陈旉农书》强调“不先时而起，不后时而缩”。元代的《王祯农书》也说：“四时各有其务，十二月各有其宜，先时而种，则失之太早而不生，后时而艺，则失之太晚而不成”，等等。

① 《唐会要》卷十上。

② 《二月至九月禁捕猎诏》。